好想法 相信知識的力量
the power of knowledge

寶鼎出版

김 용 섭

金 龍 燮

著

프로페셔널의 생존코드

트렌드를 기회로 만드는 사람들

懂學的人
最後一個
被淘汰

「韓國學生每天花 15 個小時在學校和補習班裡認真念書，為了那些將來根本派不上用場的知識與不存在的職業，浪費掉寶貴的時間。」

——艾文・托佛勒（Alvin Toffler），於首爾亞太論壇

「2030 年，只有約 30% 的人有工作機會；到了 2050 年，只有 5% 左右的人找得到工作。」

——傑瑞米・里夫金（Jeremy Rifkin），

《勞動的終結》（*The End of Work*）2005 修訂版

「2030 年，全球將有一半的大學會消失，綑綁學生四年的大學學制也將走入歷史。」

——湯瑪斯・傅萊（Thomas Frey），

2013 年於美國 Futuristspeaker.com

「2029年，電腦將會超越個人，而人工智慧凌駕於全人類智力總和的科技奇點（Singularity），最遲也會在2045年到來。」

——雷·庫茲威爾（Ray Kurzweil），

2005年《奇點臨近》（*The Singularity Is Near*）

「未來的受惠者（Beneficiaries），將是那些積極擁抱新技術之人。特別是從事專門職業，或者想持續保有工作的人，更應該超越終生教育，成為所謂的『職業學生』（Professional Student）。」

——傑森·申克（Jason Schenker），

2020年10月韓國《中央日報》之採訪

目次

Part 1. 真正危機的開始！
有實力者方能生存

Part 2. 對職業學生來說，
大學是什麼？

Part 3. 對職業學生來說，
職業＆職場是什麼？

Part 4. 對職業學生來說，
真正的學習是什麼？

致臺灣讀者

各位臺灣的讀者們大家好！

雖然新冠疫情的流行逐漸趨緩，社會開始適應與病毒共存，但這絕對不代表危機結束，實際上情況反而變得更加嚴重。烏俄戰爭導致全球危機加劇，史無前例的通貨膨脹和經濟蕭條籠罩全世界，不僅對我們的工作崗位形成威脅，也揭開了新一輪人才戰爭的序幕。此外，自2020年至2022年疫情大流行的這段期間，機器人和自動化加速擴張，職缺結構已開始產生本質上的改變。在大型科技企業裡，原本就傾向以相對少的員工來取得豐碩的成果，如今製造業也持續減少生產人力，自動化的無人工廠即將成為現實。技術進化和機器人替代人工的現象，不再是遙不可及的未來。無論是服務業或專業職，都無可避免地遭遇相同的危機。我在寫這本書時預見的趨勢，並不會因疫情緩解就變得不同，反而在進入2022年之後，變化的速度更加

急遽，危機也顯得更加殘酷。

隨著氣候變遷嚴重惡化，為了達成全球協議的淨零排放（Net-Zero）目標，勢必投入巨額的資金——一言以蔽之，這將會左右未來的產業和商機。地球暖化無疑是個危機，但應對氣候變遷的潔淨能源科技（Clean Tech）則可從中尋得轉機，目前這項科技由美國主導。地球暖化的危機最終需要藉由科技來克服，這對美國而言是個機會。美國《降低通膨法》（Inflation Reduction Law）中占最大比重的就是氣候變遷之應對，於再生能源、電動車、潔淨能源科技等方面，創造出有利美國企業的環境。這樣的發展趨勢，對韓國和臺灣而言究竟是危機還是轉機？

千萬別想得過於簡單。疫情結束後，一切就會好起來嗎？你也知道這是絕對不可能的吧？危機才正要展開，絲毫沒有回歸正常的跡象。而且，到底什麼才是所謂的「正常」？是回到2019年嗎？不是的。如今，我們要迎接的是符合現下趨勢的「新常態」。2020～2022年這段期間，世界大幅改變，產業結構、職位的組成，甚至是國際政治趨勢等，全都面臨了震盪。在全球化時代，本國中心主義進一步強化，企業和個人也更加強調成果主義、實力主義。

若想在這種環境裡生存下來，最終能仰賴的只有「實力」。我們迎來了競爭加倍激烈的社會，無論在韓國、臺灣、美國或歐洲都一樣。不，應該說全世界無一例外。因此，我們更有理由成為不斷學習的「職業學生」。

臺灣和韓國都對學習抱有高度熱忱，升學率也相當高，因為大家都很清楚必須透過學業來培養實力並扭轉未來。韓國的三星電子、臺灣的台積電皆打造出世界級的頂尖企業，我們都是小而強大的國家，其中教育的力量就是成長的原動力之一。危機和轉機將會在未來的日子裡相伴而至，如今，韓國和臺灣都需要新的教育力量。我們所有人都將成為職業學生，未來只有持續成長和進化的人才能得以生存，這點無庸置疑。不斷培養個人實力者總能取得先機，而職業學生就是日後的生存戰略。不僅僅是累積知識，職業學生的真正目標在於實力養成。個人、企業或國家都要在未來求生存，而競爭力最終就來自於實力的培養。

在此為即將成為「職業學生」的臺灣讀者們加油！

2022 年 9 月

趨勢分析家 金龍燮

序
追求「學習」的本能

▎▎▎▎▎▎▎▎▎▎▎▎▎▎▎▎▎▎▎▎▎▎▎▎

　　「職業學生」（Professional Student）原本是帶有負面意味的詞，雖然「職業」（Professional，指專業、專業人士或專家等）與「學生」（Student，指大學生、學生或聽講者等）這兩個單字本身皆未帶有任何否定的含義，但當兩者結合在一起，意思就會變得有所不同。職業學生，過去指的是沒有特定工作，只是一昧累積學位的大學生。他們並不是因為喜歡念書才持續深造，而是基於就業不順、害怕踏入社會生活、想逃避身為成年人的責任等，才繼續維持大學生的身分。因此，職業學生這個詞多少含有一點輕蔑的意思，立場也略帶遺憾。類似的情況在韓國也不例外：反覆休學、拖延畢業時間，或者因為找不到工作而決定考研究所等，這些都是屢見不鮮的現實情況。

　　然而，隨著時代變遷，詞彙的含義也產生了變化。在

不受空間與時間限制，人人都可以透過網路盡情聽取名校課程的時代、產業與技術急速發展的時代，職業學生代表的不再是逗留於大學，逃避社會生活和成人職責的溫室花朵，而是在競爭激烈的社會生活裡，為了迅速應對變化而隨時隨地學習、持續成長與進步的姿態。

如今的時代，可以一邊工作一邊就讀大學，甚至修習世界任何一所大學的課程，職業學生已然成為能夠適應各種變化、在危機中生存下來的強者。既是專業人士（Professional Worker），同時又身為職業學生（Professional Student），這樣的人才得以在未來不被淘汰。若要跑得長遠（Long run），就必須懂得終身學習（Long Learn），這句話並非毫無道理──態度決定了你的將來。面對變化與未來時，觀點的不同會帶來天差地遠的結果。

這本書談的不是企業與產業，或者社會與政府的立場，而是提前揭露從個人角度得以察覺的變化，以及當中的應變之道。無論經濟如何成長、科技如何發達，世界變得更好了又怎樣？重點是個人的生活也應該要趨於美好，不是只要國家競爭力強、國民所得高，人民的個人生活就能一併獲得改善。因此，我們必須懂得自我守護。尋求未

來的應對之策，便是積極守護自己的行為。

　　你覺得新冠疫情結束後，危機就會跟著解除嗎？你相信世界會像什麼都沒發生過一樣萬事太平嗎？這種想法未免太過天真。事實恰好與此相反，在新冠疫情結束後，才會引爆更大、更嚴重的危機。也許很多人認為，新冠病毒大流行本身就是危機，但疫情招致的急遽變化、引發的經濟危機等，那些在解封後仍會持續的現象，才是所謂真正的危機。新冠疫情成為了機器人、人工智慧、自動駕駛及自動化等加速發展的契機，對你的工作崗位和子女未來的工作機會造成影響。

　　在全球疫情爆發期間，各國政府擴大財政、提高負債予以應對，明明知道這種選擇相當危險，但還是不得不靠類似的方法堅持下去，因為新冠疫情是緊急狀態，也是前所未有的世界性災難。在疫情期間所累積的財政、經濟危機，短時間內難以獲得解決，而為了克服這些問題，「苦難期」在疫情結束後才正要展開。不僅僅是企業，個人的生存力與競爭力都將面臨考驗。因此，成為所謂的職業學生，不再是你的選擇，而是無可避免的道路。

　　身為趨勢分析家，我經常以社會與產業、科技、商務

等未來趨勢預測為題進行企業演講，在演講結束後的問答
時間，最常出現的問題有以下兩種：

　　首先是「應該給我們的孩子什麼樣的教育呢？是不是
只要讓他們學習程式設計就可以了？未來還需要送他們去
念大學嗎？」之類的提問。我前往演講的場所多是大型企
業、中堅企業或國營企業，聽眾們比起詢問個人的工作或
商業領域，更好奇的是子女即將面臨的未來以及他們的必
備技能，這種現象非常值得關注。甚至在到高等公務員或
負責特殊任務的政府單位演講時，很多人也會提到子女的
前途與教育問題，像是「我家孩子即將上大學，選擇什麼
樣的科系比較好呢？」

　　我的演講明明著重在如何於最新的趨勢中尋找商機，
或是變化的社會趨勢將對我們的工作造成何種影響。對於邀
請我擔任講者的企業而言，支付昂貴的講師費用，其目的在
於提升員工的商業遠見、理解最新的社會趨勢，但職員們比
起業務相關內容，更關心的是個人問題。韓國對子女的教育
熱情高居全球第一，因此這種現象並不令人驚訝。尤其是在
經歷新冠疫情後，危機進一步擴大，變化也急遽加速，愈來
愈多的父母對子女的未來和教育陷入擔憂。

　　每次接到提問時，我都會簡單地予以答覆，而如今有必要將答案整理清楚——本書就是在這樣的背景下誕生。為什麼大學接二連三地倒閉？一定要送孩子上大學嗎？還要讓你的孩子複習入學考到什麼時候？據說人類即將迎來所謂的科技奇點，孩子們應該要學習些什麼？如果不知道這些問題的答案，在教養子女的過程就會十分不安。

　　此外，另一個最常出現的問題，是「如果機器人和人工智慧繼續取代工作崗位，我們將如何生存？該從事什麼樣的工作呢？而為了累積專業性，又該學習哪些科目？在終生職場消失的時代，公務員也不等於鐵飯碗，從事什麼樣的工作才能繼續生存下去？」此處的話題依舊是學習，前一項提問談到的學習和教育是為了子女，而這個問題則又回到了身為上班族和大人的自己。

　　我認為應該整理一下對此回答過的內容，因為類似的問題幾乎存在於所有上班族和大人的心中，就連我也從很久之前就不斷問自己一樣的問題。我是販售知識情報的研究者兼一人企業，亦即我一個人工作，無論是危機或轉機，我都得獨自承擔，今後也將維持相同模式。倘若沒有不可替代的獨家內容，以及應對變化的生存能力，這份工

作就難以堅持下去。追根究柢，若想消除對未來的不安，實際上就只有一個方法——努力不懈地學習，因應時勢的變化。

我所從事的趨勢分析也一樣，持續不斷地學習就是這份工作的特性。有什麼新的話題、該話題在趨勢上具有何種意義、如何與其他趨勢連結在一起等，這些都需要反覆地分析和學習，不可能一直拿過去的研究資料出來使用。學習的腳步無法停歇，但也正因如此，讓我在面對各種改變時都不會感到害怕，只要冷靜地分析變化的本質，並且加以吸收、應對即可，也就是本書裡所提到的身為專業工作者的同時，也過著職業學生的生活。

神奇的是，當人們接觸到最新的趨勢變化，與未來的真實面貌愈來愈靠近時，就會對「學習」和「教育」興起更多的關心。在察覺到變化的瞬間、感知到未來的那一刻，我們會本能地追求學習和教育，這是因為我們發現至今為止自己所學的，或是為子女安排的教育，都已經成為過去式，在變化的洪流當中很可能變成無用之物。人類之所以能進化到現在，都是歸功於學習。作為社會性動物，我們分享並深化各自擁有的經驗與知識，讓全體人類不斷進化。

　　「學習」在辭典上的釋義，為習得且熟悉某項學問或技術。然而，學習不只是為了考取大學，也不是未成年學生的專利。在日常生活裡，我們處處離不開「學習」二字，這便是所謂的人生，於現今時代更是如此。

　　「新常態」（New Normal）一詞，最能簡單明瞭地形容如今的時代：過去熟悉的事物消失了，昨日的正解今天成了誤答，新科技、新產業和新文化改變了我們的日常。這樣的形容語句不只適用於現在，今後我們將迎接的未來也會是相同的趨勢。若想適應並在新常態時代生活下去，就必須持續學習新知。

　　在日新月異的世界裡，我們需要不停地學習以應對各種變化。一旦遇到危機，我們就會本能地追求學習。正所謂有備無患，倘若事先有萬全之策，那麼不僅可以戰勝危機，還可以將其當作飛躍的跳板。因此，危機時代對於真正的實力者而言，反倒是一個成長的好機會。從這個觀點來看，職業學生是現今最重要的趨勢話題，也是我們必須面對的課題。

　　本書的開頭引用了五位未來學者的名言，這樣的編排具有特別的原因。橫跨了時代，從過去到現在，全世界首

屈一指的未來學家們，異口同聲地對教育和職業做出了預測，這對我們來說富有重要的意義。在人的一生中，教育和職業所占的比重最大，財富和名譽最終也與此相繫。且不僅止於個人領域，在社會和經濟方面，教育和職業亦是舉足輕重的核心。

　　長期以來，除了先前提及的五名未來學者，我還接觸了其他許多專家的主張與研究，透過這些論點和分析，我在預測趨勢與未來的過程中，自然而然地對職業和教育的前景產生高度關注。因此，我想透過這本書反映韓國社會的情況，從更具體、更現實的層面，揭露並解析各種有關教育和職業的議題。從很久以前開始，我就不斷進行相關的研究，在即將面對疫情過後的新常態之前，我決定將本書付梓。

　　或許閱讀這本書的讀者，大多是上班族或是家有在學子女的父母。為了自己也好，為了子女也罷，我們都必須成為職業學生──誰有能力在未來的世界裡生存，可以說完全取決於這點。此外，我建議這本書盡量能由父母和子女共讀，並且在閱讀的過程中互相討論。把書中內容化為個人知識的最佳途徑，就是透過適當地閱讀與討論，然後

把提及的情境套用在自己身上。如果是上班族，比起閉門
造車，我更推薦組成讀書會一起學習。

　　2021年應該是要積極採取行動的一年。而在付諸行動
之前，我們必須懂得掌握方向和速度，果敢地面對變化。
在瞬息萬變的新常態時代，大人們也應該開始「真正地學
習」。「不要（假）讀書，而要（真）學習！」在閱讀本書
的過程裡，將會令人再三咀嚼這句話的真諦。

2021年　春

趨勢分析家　金龍燮

Part 1

真正危機的開始！
有實力者方能生存

你相信疫情終結＝危機結束？

　　人們度過了最糟的 2020 年，認為疫苗普及的 2021 年將會充滿希望。當然，若新冠疫情的流行正式終結，的確有可能迎來曙光。但是，如果你覺得我們面臨的警報就此解除，那可就大錯特錯了！**真正的危機，其實現在才正要展開**。我如此推測的理由，不是第二種或第三種新冠病毒可能掀起另一波大流行，而是疫情讓產業和科技進步的速度加快，社會系統的方向也跟著進行了調整。

　　新冠疫情結束後，世界會重新恢復穩定，全球經濟也將再度活絡，但職業結構必然面臨巨大的變化。機器人、人工智慧和自動化等將逐漸取代人們的工作崗位，這是早已被預料到的發展方向；然而，在疫情的衝擊下，這樣的轉變速度又變得更加急遽，如今你的職位已經岌岌可危。許多企業在 2021 年不僅大幅減少新進員工的招聘，還透過調整公司結構來降低員工數，以求將組織的效率極大化。上述的現象已然是現在進行式。不少尚未就業的大學畢業生，期盼在疫情結束後會有更多機會出現，但實際上就業的大門變得愈來愈窄；至於已經順利就業的上班族，未來職場的工作崗位

亦會逐步減少，這是個人將面臨的最大危機。

　　疫情時代結束後，經濟有望迅速復甦，產業將回歸穩定，部分企業甚至會獲得長足進展。此外，社會也將逐漸趨於安定，世界會再次互相交流、到彼此的國家旅行。然而，在這種情況下，有愈來愈多人會被排除在體系之外，因為以「疫情」為契機所發生的各種改變，將對不具競爭力的個人帶來嚴重危機。**世界終究是不公平的，每個人被賦予的機會不同，能力也存有差異。現實終歸是現實，就算刻意忽略其嚴峻的一面，只朝著理想邁進，世界也不會就此改變。**

　　過於天真就等於無能。如果認為疫情結束後，世界就會原封不動地回到2019年，那麼可說是天真至極。換句話說，若抱持著類似的想法，其實就相當於對商業缺乏敏感度。「Naive」一詞是被收錄在韓語辭典中的外來語，有些人會將它用作「純真、天真」之意。不過，這個詞其實也含有「因為經驗或知識不足，以致於想法過於天真」的反諷意味，特別是針對從商的成年人而言，這個詞帶有相當輕蔑的含義──天真就等於無能，而無能則會引發危機。

　　強烈颱風過境後，並不會像什麼事都沒發生過一樣。即使風雨都已停歇，世界也不會完整地恢復到颱風來臨前

的模樣。有時既有的道路會消失、橋梁倒塌，水路也跟著
改變，還有不少房子會被大雨淹沒，倒下的農作物更是不
計其數。家園的重建短則耗時數月，有時甚至需要好幾年
的時間。

　　然而，我們所經歷過的颱風，根本無法和新冠疫情相
提並論。在全球疫情流行結束後，我們就可以脫下口罩，
輕鬆自在地與人碰面，這些就是你所認為的全部嗎？因為
疫情而開始修正方向與步調的產業及企業，會對經濟和職
缺產生巨大影響，社會與政治也將迎來改變。企業主們將
在變化中尋求轉機，或許有很多公司會倒閉，但也有不少
企業會持續地成長茁壯。

　　不過，以個人的角度來看卻截然不同，比起機會，即
將遭遇到的危機會更多，能力相當的人之間也會逐漸產生
差距。不過，切勿因此就感到灰心喪志，新冠疫情也恰巧
是新時代的轉捩點，將會有許多黑馬和出身平凡的人逆轉
情勢。愈是能果斷地忘記過去的慣性，就愈能心平氣和地
看待並接納眼前的未來。懂得適應新時代的人，在情勢上
必定更加有利。

世界變化的速度加快了五年！

　　因應新冠疫情的爆發，企業的數位化〔即數位轉型（Digital Transformation）〕提早了將近五年。數位化不僅改變各企業的事業組成，亦改變了產業與經濟結構，對工作方式和職缺帶來衝擊。因此，企業需要的人才和教育方式、政治和行政等等，當然也都只能跟著改變。新冠疫情將世界變化的速度加快了五年，換句話說，倘若不能適應這樣的變化，就等於落後他人五年的時間。客觀地來看，若世界改變的腳步增快，就個人而言，面臨的危機將大於轉機。

> 在進入「疫情隧道」前是25歲，一年後走出隧道時，可能會發現世界已經變成自己30歲時才應該出現的模樣。需要歷時五年的數位化，在一年之內就被實現。（⋯⋯）數位革新雖然隱藏在疫情背後，但終將會有大爆發的一天，這也將觸發巨大的破壞性創新時代。

這是2020年12月，湯馬斯‧佛里曼（Thomas Friedman）在接受《每日經濟新聞》*採訪時所述。他的發言透露出需要耗時五年的數位化，將會在一年間完成，以及數位化不僅會改變企業與產業，還將大幅度影響整體社會。我之所以引用這段話，在於湯馬斯‧佛里曼擁有可靠的信譽和響亮的名聲，但其實在這篇採訪問世之前，筆者就已具有類似的想法，世界各地亦有許多人釋放出相同訊息。甚至可以推論：與數位轉型直接相關的IT產業，業績的變化也將提前數年出現。換句話說，這是可以預見的變化，也是已經成為現實的未來。

代表《紐約時報》的人氣專欄作家湯馬斯‧佛里曼，已經獲得三次普立茲獎的殊榮，其著作《世界是平的》（*The World Is Flat: A Brief History Of The Twenty-first Century*）、《經度與態度》（*Longitudes and Attitudes: Exploring the World After September 11*）、《了解全球化》（*The Lexus and the Olive Tree*）更是暢銷全世界。他既是媒體人，也是全球化的信奉者，同時亦為世界級的國際問

---

* 韓國主要的商業日報之一。

題專家。從他的話語和文章中，可以窺見未來的變化，因此在趨勢預測的領域裡，湯馬斯・佛里曼也是備受矚目的先聲。

　　湯馬斯・佛里曼提及的內容可謂醍醐灌頂，因為在經歷疫情大流行之後，許多人只著重在保健和健康的危機，想著和傳染病奮鬥，以及維持社交距離所帶來的不便等。然而，在疫情大爆發的背後，卻發生了更強烈且巨大的變化。數位革新的範圍擴大且速度增快，意味著從我們的日常生活到產業、企業、社會和經濟等各層面，都將迎來全新的時代。代表我們無法回到疫情以前的生活，局面全然發生改變。未來即使疫情終結，我們得以脫下口罩，2019年那樣的世界也絕對不復存在。

　　如果世界進步的速度快了五年，機器人和人工智慧取代人力的現象也將提前。新冠病毒的爆發讓人明白了人類是最大的風險，企業中如果出現一名確診者，生產線就會中斷，建築物遭到封鎖，物流中心也必須關閉。

　　為了降低風險，企業不得不選擇投資自動化。工廠自動化、物流自動化，以及辦公室職務的自動化等開始加快腳步，而機器人除了進軍服務業外，亦陸續進到家庭當

中。咖啡廳擴大了機器人咖啡師的規模，服務型機器人的需求也日漸增多，醫院會借助服務型機器人來傳遞醫療用品，而百貨商場則是以機器人代替人力，肩負起諮詢檯的工作。在農業方面，也正式引進農業用機器人取代人工，配送方面則是積極嘗試自動駕駛機器人。此次新冠疫情的流行，成為了機器人提前取代人力的決定性契機。

未來提前到來是好事嗎？

機器人取代人力並不是突然冒出的議題，未來學專家傑瑞米・里夫金曾在《勞動的終結》一書中預測，隨著自動化和人工智慧科技的發展，經濟將走向幾乎沒有勞動者的狀態。如今他的預測已成為現實，不僱傭人力的型態持續擴增當中。我們之所以從很久以前就開始關注科技與自動化取代人力一事，原因在於科技的進步對人們來說很可能構成威脅。

有些人認為，無論科技再怎麼進步，人們終歸要一起生活下去，因此，為了保障人類的勞動權，對於機器人的引進和運用必須有所限制。然而，機器人、人工智慧和自

動化的採用與否掌握在企業端，而非一般勞工能夠撼動。

在研究機器人與人工智慧方面擁有傑出成就的未來學家馬丁・福特（Martin Ford），曾於其著作《被科技威脅的未來》（*Rise of the Robots: Technology and the Threat of a Jobless Future*）中提到：「如果出現能夠縮減人力的科技，企業家幾乎無一能抗拒其誘惑。」搭載人工智慧的機器人與人類競爭職位，這種時代的來臨無可避免。

為了守住人類的工作崗位，有沒有企業家會拒絕採用機器人、人工智慧和自動化呢？ 如果企業主對生產效率高、還能節省費用的方法視而不見，無論是從股東或職員的立場來看，都有可能對此感到不滿。也就是說，企業最終還是無法逃避機器人的引進。

牛津大學馬丁學院（Oxford Martin School）的卡爾・弗瑞（Carl Benedikt Frey）教授以及麥可・奧斯本（Michael A. Osborne）教授，曾在 2013 年 9 月發表的《就業的未來》（*The Future of Employment*）中預測：隨著自動化和科技的發展，美國勞動市場在 10 至 20 年內，47% 的職位有七成以上的機率會消失；也就是說，從 2013 年到 2033 年這 20年間，美國約一半的工作崗位將會消失。當然，因為可能

性為七成以上，並不是百分之百，所以工作崗位或許不會真的減少一半，但職缺數將會明顯地降低。

「2030年，將有20億個工作崗位會消失。」這是湯瑪斯・傅萊在2012年提出的主張。真的會減少那麼多嗎？或許有些人會認為，未來學家之所以如此預言，是因為唯有極端、消極地推測和強烈地主張，才足以使人心動搖。距離湯瑪斯・傅萊的預測已經過了八年，只剩下不到十年的時間，就能夠確認他的推論是否準確。前述的兩位未來學專家，皆提出了在2030年左右，工作崗位會消失一半的殘酷未來。

以2020年末為基準，全世界的人口約為78億，當中並非所有人都有工作。若以2019年為基準，韓國從事經濟活動的人口約有2818萬6000名，滿15歲以上可從事經濟活動的人約有4450萬名，等於其中63.3%的人實際擁有工作。與此同時，韓國全體人口約為5170萬人，若以全體人口來看，從事經濟活動的人（即擁有工作崗位者）約占了54.5%。假設以這樣的比例套用到全世界，那麼，在78億人當中，就有40億的人擁有工作崗位，而在2030年時，根據推論約有20億個職位將消失，等於現有的工作崗位會

減少一半。如今的職缺都尚嫌不足，若從中再減去一半，將會是非常嚴酷的情況。

也有另一種預測和前述的兩種脈絡相似，但相比之下工作崗位減少的幅度較小。名列全球三大管理諮詢企業的麥肯錫公司（McKinsey&Company），以全世界46個國家（占全世界90%的GDP）、800個以上的職業為對象，在2017年11月發表了分析自動化時代職位變化的報告：〈失去的工作崗位，新創造的職務〉（Jobs lost, jobs gained: Workforce transitions in a time of automation）。根據報告書指出，至2030年為止，全世界將有15～30%的人力被自動化替代，以人數來看的話最多將達到8億人。而韓國預計有25%的工作崗位將會被自動化所取代。當然，除了減少的職位之外，也會有很多新創造的工作崗位。因此，到2030年之前，全世界最多約有3億7500萬名的人力需要轉換職業，學習新的技術；在美國和德國，則約有三分之一的人力必須更換職業。

先前的那些預測，都尚未考慮到疫情爆發這一變數。新冠病毒在全球掀起大流行，可說是前所未有的事態，人類感受到極大的不安與恐懼，而在這種情況下，為了不讓

產業前進的腳步中斷，機器人和人工智慧取代工作崗位的速度也變得更為快速。**以流行病為契機，企業的數位轉型、智慧製造、機器人和人工智慧、自動駕駛汽車等自動化議題，更進一步地擴大。**

對未來的人而言，
2020 ／ 2021年將會留下不同的歷史

對你來說，2020和2021年的記憶或許只剩下新冠病毒引起的傳染病大流行，以及外出必須戴上口罩。但是，對十年後的未來人類而言，比起新冠疫情，他們記得的也許是這兩年機器人正式進入了人類社會。以2020年為開端，機器人、人工智慧、自動駕駛汽車等領域迅速成長，這些事物原本只存在模糊不清的未來裡，如今，與它們共存的生活開始成為現實。這不是科技或產業的問題，而是攸關到你的生存。不僅是未來的你和子女們會經歷的就業問題，也關係到他們在提升競爭力時，應該要學習些什麼，或者累積什麼樣的技能。在全力對抗病毒的同時，也得小心別忽略了更重要的議題。

　　三星電子、LG電子及現代汽車（Hyundai），這三間公司是代表韓國的跨國企業，他們全將機器人事業視為未來的產業，並且皆以2020年為起點擴大投資。

　　從2017年起正式展開機器人事業的LG電子，生產製造了多功能的服務型機器人，並且在2021年於美國公開販售可以執行防疫工作的智慧「LG CLOi殺菌機器人」。此外，LG亦從2021年開始，將機器人業務中心轉移至擁有B2B（企業間交易）全球營業網的BSBusiness Solution本部，期盼透過正式銷售取得商業成果。原本機器人事業只是未來藍圖，如今卻成了現實中的主角。

　　三星電子早在2001年就推出了家用機器人（iCOMAR），隔年還試圖開發類人型機器人（Humanoid robot）。而正式跳脫研究層面，投入發展機器人事業則是從2018年開始。在2019年的消費電子展（CES）上，三星的AI機器人「Samsung Bot」和「可穿戴步行輔助機器人GEMS」（Gait Enhancing & Motivating System）公開亮相；2020年的CES，三星則展示了能夠在家中各處滾動、管理家電產品，肩負起管家角色的球形AI機器人「Ballie」；到2021年，更進一步公布了三星機器人的新版本。以2020年為起點，三星電子增加了對機器人的

投資，並預計從2021年開始正式上市。

現代汽車於2020年收購享譽全球的機器人設計公司波士頓動力（Boston Dynamics），並且從2018年開始新設機器人開發小組，負責製作產業用的穿戴式機器人（H-VEX）、無椅外骨骼以及醫療輔助用的機器人，更進一步將機器人技術活用在自動駕駛上。

這三間企業大幅增加對機器人的投資，改變組織體制

三星電子開發的AI機器人「Samsung Bot Air」。原本機器人事業只是未來藍圖，如今卻成了現實中的主角。（出處：韓聯社）

的時間恰巧都是在2020年，這點並非出於偶然。因為對企業來說，2020不只是疫情大流行的一年，也是機器人產業成長的轉捩點。

據全球著名的科技消費市場研究機構Strategy Analytics（SA）透露，2019年規模達310億美金的機器人市場，至2020年時增長到了444億美元。預計到2025年為止，年平均將增長32%，達到1772億美元的規模。此處最值得關注的地方在於，疫情大流行前的近五年間，年平均約增長了13%左右，而在疫情爆發後的五年間，年平均的增長預計將達到32%。也就是說，以疫情作為起點，增長的趨勢提高了2.5倍左右。機器人市場的急速成長，意味著機器人正式進入了我們的日常，並且將進一步取代人力。

此外，2020年也成為自動駕駛汽車的重要契機。據全球會計諮詢企業KPMG在2020年7月發表的《2020 KPMG AVRI（自動駕駛之引進準備指數，Autonomous Vehicles Readiness Index）》，在2019年統計的25個國家中，有17個國家今年的AVRI分數上升，顯示出多數國家大幅提升了引進自動駕駛的準備。特斯拉（Tesla）也在2020年發表完全自動駕駛的測試版本，全球各地的汽車公司在自動駕

駛方面亦競爭激烈。

　　亞馬遜（Amazon）於2020年6月收購的自動駕駛新創公司「Zoox」，在同年12月公開了自動駕駛計程車，從方向盤、油門踏板到剎車，完全沒有需要人力直接控制的裝置。此外，車內也沒有駕駛座與副駕駛座之分，而是像火車車廂一樣採面對面的座椅形式，最多可搭載四人。目前正在美國內華達州的拉斯維加斯、加州的舊金山和福斯特城等三個城市進行試營運，以完成技術及安全性測試，並且在舊金山和拉斯維加斯開始透過APP提供車輛共享服務。假如自動駕駛邁入商業化，除了人類可搭乘之外，還有很大的空間被運用於配送物品。亞馬遜在收購自駕送貨機器人的新創公司「Dispatch」後，研發出「Scout」宅配外送機器人，並開啟了商用服務。

　　在自動駕駛方面，亞馬遜向Aurora Innovation和Rivian公司，分別投資了5億3000萬美元和7億美元，並且以約12億美元的價格收購了Zoox，同時也和中國的自駕新創公司WeRide合作機器人計程車的試行。為了開發自動駕駛汽車與互聯汽車（Connected car），亞馬遜亦和豐田（Toyota）協議建構自駕情報平臺，並與福斯汽車（Volkswagen）、輝

達（NVIDIA）、優步（Uber）、自駕專門企業APTIV等建立合作關係。

不僅僅是汽車製造商，包括亞馬遜、Google、蘋果等在內的IT企業或流通業者等，皆紛紛投入自動駕駛的領域，因為自駕在產業的活用度高，市場也相當大。計程車駕駛和快遞司機減少，或是物流配送的卡車司機失去工作崗位等，這些都是與自動駕駛密切相關的未來。

在中國，許多企業亦展開了自駕送貨機器人的試營運，而韓國甚至將自動駕駛的技術運用於郵件配送。2020年10月，自動駕駛的「迷你移動郵局」、郵件配送機器人和郵差追蹤機器人於世宗市正式亮相，並且在2021年投入試營運。世宗市被指定為自駕規範特區、試營區與室外機器人特區，各種技術測試預計都將在當地進行。全球各地對自動駕駛汽車、自駕送貨機器人的投資、測試和試營運，在2020年皆大幅增加，這是再明顯不過的事實。因此，我們在現實中得以享受這些服務的時機，將會比過去預期的更早，也會見證到更多在2021年加速革新的事例。

有趣的是，2020年也可以說是人工智慧和聊天機

配送包裹的機器人。（出處：韓聯社）

器人、虛擬實境（VR）和擴增實境（AR）、 金融科技
（FinTech）、教育科技（EdTech）等產業成長的轉捩點。
除了相關產業迎來快速成長的機會，我們的生活方式、工
作模式與職場等，也都跟著受到影響。因此，我們記憶中
的2020 ／ 2021年，不該只有新冠疫情大流行，更應該是
新時代的起點，**全球IT企業甚至被稱為「量子躍遷」** [*]，
新冠疫情創造出企業們飛躍性突破與成長的契機。而在疫

---

[*]　在物理學中，指量子從某階段進到下一階段時，像在樓梯上跳躍一般，此處用來形容企業或
　　產業跨階段性地飛躍發展。

情結束後，IT企業也將更理所當然地掌握產業主導權，以及整體社會、文化與經濟。十年後，回想看看你在2020和2021年做了哪些準備、接觸了哪些機會，又做出什麼樣的選擇，你會承認這兩年的確是人生的重要起點。

誰才是真正有實力的人？

「因為缺乏實力，所以沒有你的位置」和「雖然有實力，但沒有你的位置」，在這兩者當中，哪一種更讓你感到洩氣呢？或許兩者最終的結果都是找不到工作，不過，前者是因為實力不足所以落選，倘若實力夠的話，就有可能會被錄取。也就是說，只要努力就有機會。相反地，後者的情況則與實力無關，而是根本就沒有職缺，以致於任何的努力或希望都變得毫無意義。

至今為止，我們都以為只要認真努力，成績就會向上提升，就能通過就業的窄門。然而，在工作崗位持續減少的時代，所有的努力都只是徒勞無功。還有比這種情況更讓人不安的嗎？**因為相信明天會比今天更好，人們有動力繼續奮鬥，勇敢做夢。但是，如今的世界讓我們對未來感到不**

安，值得信任的人只剩下自己，無可選擇地必須踏上更加孤獨與熾烈的進化之路。

危機愈嚴重，含著金湯匙出生的人就愈有利。換句話說，在危機四伏的時代，一般的平凡人家更吃虧。「金湯匙」這樣的話最近經常被提起，無論古今中外，財富總是代代相傳，其中蘊含的勢力非常強大。過去已然如此，未來當然也不例外。

貧富兩極進一步深化，對處於劣勢的一般人來說，「學習」是唯一的武器。所謂的「魚躍龍門」，其實也是透過「教育」來抓住飛黃騰達的機會，才有可能一圓夢想。成為有錢人最快的方法，就是出生在富有的家庭，其次則是藉由學習致富。在升學考試中拿高分進入名門大學，認真念書通過行政考試或司法考試，當上法官、檢察官、律師、高等公務員，或是考取醫學院成為醫生等，過去若想出人頭地，這是最實際且有效的方法。但如今卻不是這麼一回事。

韓國獎學財團*將大學生家庭的月收入分為十個等級，按照等級來發放獎學金。意即根據父母的月收入金額規劃了

---

*　為 2009 年整併韓國學術獎助財團、科學財團及韓國貸款信用基金等三單位成立的組織，致力於減輕學生教育費用負擔，讓所有學生在經濟無虞的情況下完成大學教育。

十個區間，其中最高的十等級超過1424萬韓元（約31.8萬新臺幣），九等級約在949萬～1424萬韓元（約21.2萬～31.8萬新臺幣）左右。換句話說，若想被劃分在第十級，父母的年薪合計至少要高於1億7千萬韓元（約380萬新臺幣），第九級也要超過1億1400萬韓元（約254.8萬新臺幣）。

以此為基準來看，2020年SKY*大學新生（第一學期）第十級的占比約為37.9%，第九級和第十級合計則達到55.1%。而除了SKY之外的其他大學，第九級和第十級合計的占比約為25.6%，第十級為12.2%，與SKY相比之下差異極大。SKY這三間大學第九級和第十級合計的占比，在2013年為40.4%，2016年為45.6%，2018年為51.4%，2019年為53.3%，2020年則為55.1%。由此可見，考上名門大學並不是只要聰明和會念書就好，父母的財力也相當重要。

尤其在SKY的醫學院，第九級和第十級合計的占比約為74.1%，法學院則為58.3%，其中首爾大學醫學院為84.5%、法學院為69.2%。也就是說，就讀首爾大學醫學院的五名學生中至少有四名、就讀法學院的三名學生中至

---

* 分別取首爾大學（Seoul National University）、高麗大學（Korea University）和延世大學（Yonsei University）三所大學英文首字母組合而成的簡稱，為韓國最有影響力的三所大學，被稱為「韓國大學一片天」。

少有二名，父母每年的年收入都高達數億韓元。若以韓國全部的醫學院來看（約40所），約有52.4%為第九級和第十級。

　　與根據收入提供獎學金的韓國獎學財團不同，韓國的國家獎學金起初只以一～八級的學生為給付對象，在2020年第一學期的醫學院新生中，獲得國家獎學金的人只占了16.8%。雖然付了昂貴的學費就讀醫學院，但是能申請到國家獎學金的人少之又少，而原因就出在父母的所得偏高。第八級雖然不屬於所謂的高收入階層，但月收入大約落在712～949萬韓元（約15.9萬～21.2萬新臺幣）。也就是說，年薪至少也達到1億韓元（約223.7萬新臺幣）。

　　獲得國家獎學金的醫學院新生中，第八級占了四分之一以上；相反地，低收入戶僅占了1.2%。以所得標準來看的話，只要提出申請就能無條件獲得獎學金的第一、二級學生，在全體受領者中只占6.7%，等於側面證實了醫學院的學生幾乎沒有低收入戶。此外，以第一、二級身分獲得國家獎學金者，就讀的大多是首都圈以外的醫學院。

　　在這種情況下，你還能說服子女只要認真讀書就好嗎？入學考試與其說是在衡量個人實力，倒不如說是在比

誰更懂得解題，因此，透過昂貴的課後輔導熟悉考試技巧的人，在入學測驗上當然更有利。不過，這樣的技巧只適用於升學考試，和畢業後在社會生活上發揮的技術與實力無關。因此，一般人不應該著重在研究考試要領，而是要把重心放在培養實力，如此一來才更有勝算。因為競技場本身就是傾斜的，一般人在考試技巧上處於絕對的劣勢。

**　　還有一個更加現實的議題──即使機器人和自動化導致工作崗位減少，最晚受到打擊的職業群也是醫師或法律界人士。不是因為這些人的角色不能被機器人取代，而是因為作為有權有勢的既得利益者，就算強行改變法律，他們也會守住自己的地位。**想要占有位高權重的職位，就只能就讀醫學院或法學院，但是我們可以在前面的數據中窺見許多必備條件。

　　此外，一般人即使就讀了醫學院或法學院，也很難戰勝含著金湯匙出生的人，因為晉升醫師或律師就等於功成名就的時代已經結束。在醫師和律師群當中，如果父母或祖父母擁有廣闊的人脈，就相對地更有利。因此，就算同業間展開競爭，誰輸誰贏也早就成為了定局。在其他占有既得利益的專門職業裡，也不外乎是相同的道理。財富的

傳承只會進一步深化，不要抱著不切實際的想望。即使到了未來，含著金湯匙出生的人依舊會處於優勢，貧富的兩極化也會更加嚴重。雖然政府的各項政策都致力於削減兩極化現象，試圖打造所有人共同富裕的社會，但這個目標遠比想像中還要難。因此，如果選擇相信政府，一昧地悠閒生活下去，危機就得完全由個人來承擔。

假如因為機器人和自動化而導致工作崗位消失，那麼未來將會以徵收機器人稅或是編列基本所得等方式，對失去職場的人提供救濟措施。但是，就算獲得政府補助，月薪也肯定比擁有工作的人還要少得多，況且這些政策都是政治操作的一環，個人根本沒有發聲的餘地，只能遵循政策規定。因此，我們不能過於相信或依賴政策。

說到底，我們還是不能失去職場，無論在什麼情況下，都要能發揮自身價值並投入工作。最終，只有真正擁有實力的人才得以生存。不依靠組織力量、整體經濟環境或是外在變數，而是靠自己的實力生存下來，唯有如此，才能在任何危機中都不會被擊敗。**到頭來，真正具備實力的人，不是在前人基礎上加以發揮的再創者（Unoriginal），而是所謂的原創者（Original）。意即要有專屬於自己的內容**

和不可替代的部分，如果缺乏這些，就不算真正擁有實力。

舉例來說，作為情報橋梁的講師漸漸失去立足之地。隨著網路上的視訊課程愈來愈多，唯有擁有專屬的獨家內容，才得以在激烈的競爭中存活下來。假設在全國設有分公司的大企業，預備以相同的內容在各分公司進行實體授課，如此一來，同樣的講座將要反覆數十次。那麼，若嘗試在線上一次完成呢？舉辦實體授課時，很難同時把各地區的員工聚集在一起，但利用網路授課就可以解決這個問題。講師可以在線上進行直播，然後在一定期間內為那些不能如期參加的人提供VOD（Video on Demand，隨選視訊）服務。

舉辦數十次講座的預算，將全部集中起來一次性使用，因此，企業可以邀請具有原創內容的作者或名人，而不是居中負責傳遞知識的講師。此前之所以需要情報橋梁的角色，是因為實體授課有物理上、空間上和時間上的限制，而且擁有原創內容的名人或作者，演講費一般較昂貴。倘若在費用上完全沒有差異的話，任誰都想邀請最頂尖的講者。概括、摘錄、引用知名作者或講師的書籍和著作物進行演講，這樣的講師只是起到訊息傳遞者的作用。演說技巧雖然也算是競爭力，但若本身不具備原創內容，

位置很容易就會被他人取代。

　　根據主題的不同，有些人偏好20～30歲的講師，這也意味著經歷的深化並非必要。因此，產業講師的演講費用已經連續十年沒有調漲。而各領域排名數一數二的頂尖講者們，因為擁有自己的獨家內容，無法被他人取代，費用也相對地昂貴。在企業教育都還在舉辦實體授課時，演講費昂貴和便宜的講師同時存在，但是，當企業大量轉換為視訊課程的時候，就只有身價高的講師才不會被淘汰。

　　這樣的情形不只發生在企業講師身上，大學亦是如此。隨著網路授課的擴大，大學教授也陷入更加激烈的生存競爭。而身處企業中的上班族，面臨的狀況也沒有太大差異。具備原創內容的人，較難被機器人和自動化代替，同時也更有利於生存。當然，有錢人在生存競爭上必然處於優勢，假如你是擁有數億資產的富豪，那麼這本書就可以不必再讀下去。因為就算實力不足，只要資金充裕的話，在生存上就不會碰壁。但是，**如果你的資產不夠，最終可以相信的只有自身的實力，而「學習」便是唯一途徑。**

> **❝**
>
> 如果不抱著學至百歲、工作至百歲的覺悟制定人
> 生計畫，那麼老年就不會是「禮物」，而是孤獨
> 和貧窮中的「詛咒」。
>
> **❞**

　　這是倫敦商學院的林達・葛瑞騰（Lynda Gratton）教授，在2017年接受《東亞日報》*採訪時發表的看法。在日本政府與官員、專家、企業家組成的「百歲時代構思會議」上，林達・葛瑞騰雖然身為外國人，卻史無前例地受邀，不僅是制定人才培育總計畫的專家，同時還著有暢銷書《100歲的人生戰略》（*100-year life: Living and Working in an Age of Longevity*）。在百歲時代，「職業學生」更是不可或缺的態度。或許對10幾歲和20～30歲的人來說，百歲時代聽起來既遙遠又茫然，但切記，若毫無準備地迎接未來，老年可能就會成為一場詛咒。

---

* 　韓國主要報紙之一，與《朝鮮日報》、《中央日報》並為韓國三大報。

只有職業學生才能活下來

　　韓國人一生都與「讀書」密不可分，從小時候的學校成績到大學入學考試，學習一直持續不斷，長大後則是為了就業、取得證照、學習股票與不動產投資等而埋首苦讀，需要學習的事物可說是無窮無盡。全世界花最多時間在念書的就是韓國學生，且幾乎一輩子都把「學習」二字掛在嘴邊，但相當諷刺的是，韓國成人的閱讀量和其他先進國家比起來，是少到讓人覺得丟臉的程度。對於提升成績的「讀書」十分敏感，但是對「閱讀」卻顯得異常麻木，由此可見韓國社會對學習一事抱著什麼樣的態度。

　　在書店裡，《每一天，只要比昨天多用功5分鐘就好》、《學習絕不會背叛我》、《學習不會背叛你》、《我只為合格而讀書》、《如何學習》、《疫情時代的學習法》、《完全學習聖經》、《壓縮學習》、《小學生快速提升閱讀素養課》、《小學生自主學習法》、《讓平凡孩子晉升學習之神的訣竅》、《大峙洞最頂尖的讀書祕訣》、《20歲，為讀書而瘋狂吧》、《30歲，再一次為讀書而瘋狂吧》、《就一年！集中地瘋狂學習》、《40歲，再一次為讀書而瘋狂吧》等書

籍，雖然切入的角度各不相同，但如何才能提高成績、有效學習等議題，在排行榜上最為暢銷。此外，在書名中加上「學習」二字的書還有很多，足以證明人們對學習的關心和欲望，特別是如何提升入學和考試（資格證或高普考）成績等。

對我們來說，學習是一種抓住機會的工具，也是一種超越他人的武器。但是，這樣的學習，以後也會持續有效嗎？我們仍然只專注在過去的讀書技巧和方法，卻對適合未來與新常態時代的學習方向和戰略一無所知。而書上就算掛著第四次工業革命、人工智慧、未來等關鍵詞，傳達出的訊息也僅止於要學習程式設計或是培養創意性。對待「學習」一事的態度應該做出改變，但多數書籍所提到的，都只是要再增添幾項技能，這是因為他們並沒有從過去延續到現在的慣性中徹底擺脫。讓正往未來邁進的人們只學習過去的方式，以後的日子不就會變得愈來愈不安嗎？

想成為職業學生，就必須對自己誠實。作為職業學生，每個人的目標和成果可能各不相同，**如果能對自己坦誠，那麼想要什麼、應該集中學習哪些事物，也將變得更加明確。學習不是為了秀給別人看的，必須選擇對自己真正有**

益，能夠全心投入的項目。心不甘情不願、硬著頭皮進行的學習，絕對無法達到最佳狀態。疫情結束後，隨之而來的變化將對弱者更為不利，這點相當明確。富豪和上流階層在這次的變化當中，可以取得很多機會，但大多數的中產階級和平民卻恰好相反。倘若不能理解全球趨勢，只停留在過去的思維且貪圖安逸，那麼就很可能瞬間淪為貧民。現在，不應該為疫情的結束歡呼鼓掌，而是要打起精神應對真正的危機，再次踏上職業學生之路。

應該怎麼做呢？總而言之，就是要累積專業性。在現今的時代，專家具有優勢，這點在未來將更加明顯。不過，所謂的「專家」不僅止於具備博士學位或經驗豐富，而是專業性要能超越學位、年齡和經歷，不受這些條件左右。也就是說，每當出現新的議題時，就要隨時隨地學習，不斷把自身的專業升級成最新版。

其次，專業性必須無可取代。如果每個人都獲得100分，那麼這樣的滿分就不具任何意義。應該要以自己專屬的能力來建立地位，而不是一眛追求每個人都擁有的普遍能力。因此，我們要掌握自己真正喜愛的項目並投入學習，這點他人絕對無法代勞，唯有自己才能發掘。趁早擺

脫按表操課式的學習，進入自己真心感興趣的領域吧！

　　最後，讓我們拋開年齡和地位的束縛。年齡和地位所帶來的力量，會讓有些人誤以為是靠自己的實力達成。如果陷入這種錯覺，心態就會變得安逸，以致於疏忽了學習。唯有擺脫年齡和地位的光環，不對此感到滿足，才能得知自己真正的實力，並由衷認為追求進步是理所當然的事。總之，學無止盡，積極地讓自己成為職業學生吧！具體的細節，將會在 Part 2、3 中繼續說明。

　　在十年後，不，是在一年後，你不曉得自己會遇到什麼樣的機會和危機。世界變化的速度加快，變數也愈來愈多，我們不可能再提前預知危險，然後加以閃避。如今的關鍵，不在於如何避免受害，而是即使面臨危機，也要能盡快應對並加以克服。**總而言之，除了繼續學習專業知識外，還必須具備危機處理能力、應變能力和生存能力──這才是「職業學生」該有的態度。**

Part 2

對職業學生來說，
大學是什麼？

「大學」是曾經的正解，如今卻不然

假如當初要考取大學的理由，如今成了不必上大學的原因，情況會怎樣呢？挑選大學的基準發生了變化，那麼整體社會對大學的期待，自然也就變得與過去不同。

> **❝**
>
> 2030年，全球將有一半的大學會消失。
>
> **❞**

這是湯瑪斯·傅萊於2013年發表的言論，此外，他還補充說明：現今綑綁學生四年的大學學制，屆時也將走入歷史。大學消失泰半，這樣的現象並不是因為人口減少，而是意味著現有的四年制大學模式，在未來的社會將變得毫無用處。與投入的時間和費用相比，如果獲得的成效偏低，人們就不會為了畢業證書而堅持非上大學不可。在知識壽命減少、職業有效期縮短的情況下，終身學習已成為了必然的趨勢。而在這樣的時代，受歡迎的不會是四年制大學，而是像微型大學（Micro College）一般的短期教育模式。

> 20年後，我們所熟知的大學將不復存在。

　　這是美國高等教育專家凱文・柯瑞（Kevin Carey），在《大學的終結》（*The End of College*）中對未來高等教育的預測，與湯瑪斯・傅萊所說的「2030年，全球將會有一半的大學消失」一脈相承。也就是說，大學的模式必須改變，需要有符合未來社會的教育內容和方式。《大學的終結》在韓國出版時改名為《大學的未來》，翻譯較為婉轉。

　　就現代意義上，1088年成立的義大利波隆那大學，經常被視為世界上最早的大學，但1109年成立的巴黎大學、1167年成立的牛津大學，以及1209年成立的劍橋大學等，也是在800～900年前就存在的學校。在這段漫長的歷史中，雖然有很多學校致力於革新，可是也有許多大學並沒有脫離過去的型態。或許在不久的將來有一半的大學會消失，不過，這並不代表教育就會跟著不見，大學也依然有存在的必要。

> SKY（首爾大學、高麗大學、延世大學）的畢業證書將在十年內失去光彩，因為社會評價的將不再是文憑，而是個人的實力。

這是廉載鎬教授（前高麗大學校長）在2020年5月26日接受與時齋＊（yeosijae.org）採訪時發表的言論。曾擔任SKY大學校長、在大學教育中成為指標性人物的廉教授，談及了「大學文憑無用論」。雖然他預測的時間為十年，但實際上很可能會更快，而且連SKY都面臨考驗，其他大學的情況將更加嚴峻。廉教授表示：「21世紀本來就被預測為大轉變的時代，新冠病毒不過是催化劑罷了。」說明在大學的變革當中，疫情爆發成為重要契機。

右頁引號也是廉載鎬提及的關鍵，指出大學唯有追求變革，才得以繼續經營下去，以教育機構自居的學校將面臨侷限性。此外，教育也不能再沿襲舊有的模式，跨國企業的新事業都不能保證能維持三年，在這樣的社會趨勢——

＊　韓國智庫組織，負責規劃國家未來戰略，制定東北亞未來變化的政策，以培養人才為目標。

> 66
>
> 據說在三星電子裡有3000多名博士，如今，大學的競爭對象將不再是其他學校，而是三星或SK*等企業。大學的角色將明顯產生改變。
>
> 99

下，還規定大學要讀四年，這像話嗎？況且從大學畢業之後，也無法直接投身職場與工作實務接軌，在教育新進職員時，企業需要花費一定的時間和費用。那麼，大學的四年教育究竟意味著什麼？倘若只是為了獲取就業所需的文憑，那四年來投資的時間與金錢根本就是浪費。

　　企業和大學的關係密不可分，人們就讀大學的理由當中，有90%是為了前往條件更佳的地方就業。因此，如果大學文憑不再獲得企業認可，對學校而言就等同於危機。事實上，企業很早之前就提出了大學文憑無用論。在2004年的韓國領袖論壇上，三星電子副會長尹鍾龍就曾指出大學教育的不切實際，提及學生就算從大學畢業，在工作方面也無法立刻上手，通常需要在職場接受三至四年的教

---

* 　SK集團是韓國第三大財閥，主要業務是在能源和石油化工領域。

育，才得以充分發揮才能。當時，麥肯錫首爾事務所的代表崔聶圭，更以500韓元（約11元新臺幣）的記憶卡一針見血地比喻：韓國的教育體制讓學生20年來在校習得的知識只值500韓元。而類似的批評聲浪，也不只在韓國國內出現。

2019年3月，蘋果的CEO提姆·庫克（Tim Cook）在白宮舉行的美國勞動力政策諮詢委員會會議上，曾發表下列的言論：

> 66
>
> 在大學裡習得的技術，與企業的商業需求存在極大的差異，尤其在程式設計方面更是銜接不上（mismatch）。（中略）蘋果2018年在美國僱用的員工，有一半未具備四年制大學學位。
>
> 99

蘋果無論在年薪、福利或發展等各方面，都是理想企業排行榜中的最佳公司，因此，包括美國名門大學在內的全世界人才，皆理所當然地匯聚於此。不過，在蘋果的新

聘員工中，只有一半的人擁有大學學位，因為企業並未要求應徵者必須具備學士資格。除了大學學歷，蘋果在選用人才時，更加注重應徵者是否在程式設計或相關技術領域受過教育，或者是否曾在相關業界中有過工作經驗。這樣的人才選拔方式，意味著比起大學文憑，應徵者是否具備企業需要的資質才是關鍵。

除此之外，Google 也針對自家職位需求量大的數據分析師（Data Analyst）、專案經理（Project Manager）、使用者體驗設計師（UX Designer）等，開設了名為「職業認證計畫」（Google Career Certificates）的六個月短期教育課程，只要修畢這項課程並通過測驗，應聘時就等同於具備四年制的大學學位。接受培訓雖需每個月支付 49 美元，但 Google 對此也提供了充分的補助和獎學金，相當於全世界的每一個人都能免費參與這項培育計畫，以具備職場上需求的業務能力。

Google 也透過「Grow with Google」提供多樣化的教育學程，包括 AI 和機器學習（machine learning）、安卓軟體開發、數位行銷等數小時到數十個小時的課程內容。

Google 之所以投資這種教育，原因就在於大學未能肩

負起「培養企業所需人才」的角色。如此一來，是否值得投資四年的時間和高昂的學費就讀大學，就成為應該深思的問題。畢竟四年的時間和學費相當可觀，若能投入更少的資金和時間，同時具備企業所需的資質，這種選擇或許更加合理。**當大學培育出的人才與企業期待的人才不同時，最後哪一種人才能生存下來呢？當然是企業需求的對象不是嗎？**嚴格來說，Google 所開創的短期教育也可以被看作是微型大學，可謂是一種新的大學典範。

全球企業評價網站 Glassdoor 在 2018 年公布了一份值得玩味的名單——不再要求應聘者須具備大學文憑，

「Grow with Google」網站，提供機器學習、數據分析、數位行銷和 YouTube 創作者孵化器等多樣的培訓課程。（出處：Grow with Google Taiwan）

並且強化業務能力及才能的14間跨國企業。其中包括蘋果、Google、全食超市（Whole Foods Market）、希爾頓（Hilton）、好市多（Costco）、星巴克（Starbucks）、IBM、企鵝藍燈書屋（Penguin Random House）、美國銀行（Bank of America）等等。這些企業的部分職位不要求大學學歷，未來採取類似方式的跨國企業將會逐漸增加。

　　而韓國國內的大企業也逐漸走向廢除大學畢業生的公開招聘，十大集團企業中有七間接受了隨時徵聘，其餘三個只採用公開招募的集團，也很有可能在不久的將來跟著轉換為隨時徵才。在IT企業和新創公司裡，隨時招聘新員工的情況更加常見，而且比起學歷證書，業主通常較注重應徵者的實務經歷和技能。這樣的變化改變了就業時必須具備大學文憑的現狀。

　　2020年7月，韓國金融科技企業TOSS在聘用開發者時，並沒有要求一定得具備大學學歷。過去一直都以有經驗者為主、隨時徵才的TOSS，首次公開招募包含新鮮人在內、資歷三年以下的員工，並且廢除書面審查，讓所有應徵者在線上接受第一輪程式設計測驗。接著，TOSS再從合格名單當中，以實際開發業務為題進行選拔，順利通

過者將接受技術面試（tech interview），並以自由形式提交履歷表。這種流程和以往公開招聘大學畢業生的企業，在第一輪採取書面審查或筆試的方式不同。也就是說，業主將繳交書面資料的階段移到最後，透過這樣的形式，把實力視為首要的評價標準。

不要求學位的企業持續增加，這就是為什麼「大學文憑無用論」會接連被提起。當初要考取大學的理由，如今成了不必上大學的原因。但是，這並不代表教育已失去需求，實際上，企業在員工的培訓上反而投入更多資金。總而言之，大學如果想要生存下去，就必須重新找回自身的定位。

就像無視變化（印刷術）的中世紀大學最終趨於沒落，現今的大學倘若不求改變，將會面臨同樣的命運。政府應該解除大學遠距課程的比例限制。

這是 2020 年 5 月 12 日延世大學校長徐昇煥接受《朝鮮日報》採訪時所說的話。身為校長的徐昇煥，在 2020 年 2

月提出的政策之一就是引進線上授課平臺Y-Ednet＊，同年7月在簽訂平臺引進計畫時，他曾表示：「度過這條江後就無法回頭了」，意指大學教育已開始走往新的方向，不能再回到過去，這段話還被刊在報紙上加以介紹。

Y-Ednet的出發點，在於意識到韓國大學有許多類似的課程和相同科目的授課，這種方式在時間和金錢上都是浪費。例如全韓國有100多間學校設有經濟系，其中80%的課程內容相似。重複性高的問題在推行實體課程時無法解決，但若改為線上授課，就能夠避免類似的情況發生。也就是說，全韓國大學經濟系的基本必修課，可以全部改用線上授課替代，讓各大學的教授們發揮專業，專注於教授自己拿手的科目，藉以提升教學品質。

延世大學之所以帶頭引進線上授課平臺，目的就是希望能在這種變化中掌握主導權。亦即當網路授課全面普及時，擁有優秀教育資源的大學，影響力將進一步擴大，而競爭力薄弱的大學實際上則會瀕臨瓦解。在大學評鑑中，仍然有許多大學努力提高自身的排名，而學生也會在意學

＊　延世大學和韓國網路營運商 Naver 合作推出的虛擬教育平臺。

校的排行，但這些最終可能都會成為沒有意義的比較。

　　這種情況不僅發生在韓國，全世界都一樣。如果網路授課在品質和數量上持續擴展，科技在虛擬空間中建構出高沉浸式的教育環境，而學生們也逐漸熟悉線上教學，那麼，全球的名門大學將獲得更多的發展機會。這就是為什麼國內的名校在與國內大學競爭時處於優勢，但在與世界名門大學競爭時，卻不一定占上風。包括SKY在內的韓國名校，都無法保證能在未來得以生存。

　　因此，大學為了生存而選擇改變，這種變化對學生來說並不壞。但是，對於教授或教職員而言，這種改變與組織調整密切相關，導致他們可能對此抱持否定態度。追求變化時，肯定會出現利害關係的衝突和矛盾，然而，如果害怕越過這道檻而放棄改變，繼續維持慣性的話，將會招致更惡劣的結果。

　　隨著產業結構改變，幾家歡樂幾家愁的情況經常上演。據美國經濟雜誌《富比士》（Forbes）報導，1917年美國的百大企業中，在經過70年後，在1987年仍位列百大企業的僅有18間，其中甚至有61間在這之前就已倒閉。而留下來的18間企業，多數的排名也較70年前大幅

下降，只有二間在百大企業排名中上升。其中一間，就是現在已經破產的柯達（Kodak），而另外一間，則是連續數年呈現下降趨勢、面臨危機的奇異（General Electric Company，簡稱GE）。也就是說，100年前的百大企業中，至今沒有一間能維持屹立不搖的地位。

1998年韓國的前30大集團中，在20年後（2018年）還留在排行榜上的也僅有11間。曾經位列第三名的大宇集團、第七名的雙龍集團、第十名的東亞集團，以及第17名的高合集團等11間企業，皆逃不過解散消失的命運，而另外的八間集團則是規模縮小，被擠出了排名之外。

另一方面，1975年在韓國企業中，銷售額排名第一的是大韓航空，當時三星電子意外地僅排在第27名。到了2019年，三星電子的年銷售額為230兆4千億韓元（約5兆1805億新臺幣），營業利潤為27兆7700億韓元（約6243億新臺幣），而大韓航空的年銷售額則為12兆3千億韓元（約2765億新臺幣），營業利潤為2909億韓元（約65億新臺幣）。在疫情爆發之前，兩間企業就已有相當大的差距，而在疫情開始大流行之後，差距更進一步擴大。2020年，三星電子的年銷售額達到236兆8100億韓元（約5兆

3251億新臺幣），營業利潤近36兆（約8095億新臺幣），
而大韓航空的年銷售額則為7兆韓元左右（約1574億新臺
幣），讓人有恍如隔世之感。

　　企業的銷售排名也暗示著產業結構的變化，曾經盛極
一時的企業，在面對趨勢變化時很可能瞬間黯然失色。產
業結構的變化不僅會影響到企業，也會對大學帶來衝擊，
除了可能改變學校的專業路線，也將區分出哪些大學才得
以在未來生存。面對趨勢變化，沒有人可以置身事外。

大學會依照櫻花綻放的順序倒閉？

　　曾經有人如此嘲諷：韓國的大學會按照櫻花綻放的順
序倒閉。因為第一波倒閉的大學，主要位於全羅道與慶尚
道*。不過，這並非特定區域的問題，而是因為比起首都圈
的大學，地方大學在招生方面相對艱難，特別是中小型都
市的大學面臨的困境更為巨大。

　　學界普遍認為，學齡人口減少是導致大學倒閉的原

---

* 　位於韓國南部，每年櫻花會由南往北一路綻放，因此才有「韓國大學會按照櫻花綻放的順序
　　倒閉」的説法。

因。當然，學齡人口持續減少對大學來說相當不利。根據韓國教育部推算的大學入學志願人數（高中畢業生和重考生、其他途徑報考者合計），2019年為52萬6267名，2020年為47萬9376名。以2018年為基準，大學的招收人數為49萬7218名，因此，2020年是大學招收人數首次大於報考人數。

2024年，報考人數將會降至37萬3470人，以2018年來看，韓國的大學及專科大學（技能大學除外）共有372所。一般四年制的綜合大學招收的學生數較多，主要的名校也隸屬於此，這樣的大學，相對會成為學生們的優先志願。也就是說，當報考人數愈來愈低時，位於小城市、招生數較少的學校，受到的打擊就只會愈來愈大；假如2024年報考大學的人數比招生數少了約10萬名，可能就有超過100間大學會招不到新生。如果失去新生，大學的存廢就成了現實問題。韓國的出生率持續下滑，因此，類似的問題未來會更加嚴重。

372所大學，說實話有點太多了。1990年，韓國的四年制大學僅有125間，2010年則增加到了202所；1990年韓國全國的大學生人數為158萬人，2000年則為313萬

名。換句話說，有些人本來沒必要上大學，但是也跟著報考。隨著大學數量增加，基於經營上的考量，造就了人人都必須上大學的氛圍。與人口數對比之下，韓國的大學和大學生數量過多，但原因並非人們熱愛學習，而是受到了「學歷通膨」的影響。高中畢業就可以勝任的職務，如今卻由大學畢業生來做，甚至連擁有碩士、博士學位的人都去報考清潔隊，這便是學歷通膨最典型的證據。

除了學齡人口減少之外，大學升學率也呈下降趨勢，增加了大學倒閉的理由。在韓國，1980年高中畢業後的大學升學率為27.2%，1990年為33.2%、1995年51.4%、2000年68.0%、2005年82.1%、2010年79.0%、2015年70.8%、2019年則為70.4%。大學升學率在1990年代中後期至2000年初期時達到頂點，2001年高於70%，2003年則超過了80%，2008年更出現歷史新高，超過了83.9%，其後至2009年為止，一直都維持在80%左右。不過，到了2010年時，升學率卻反而低於80%，到2016年甚至降為69.8%，15年來首次跌破70%這條線。其後2017年為68.9%、2018年為69.7%、2019年為70.4%，從2012年開始到2019年，持續維持在70%±1%。2020年也將會停留

在這個區間，但預期未來會逐漸降到65%左右。

即便如此，韓國的大學升學率仍然處於世界前端。根據2020年經濟合作暨發展組織（OECD）教育指標，2019年韓國青年層（25～34歲）的高等教育進修率，即大學畢業的比率為69.8%。換句話說，韓國每十名青年中，就有七名具備大學學歷。OECD的平均為45.0%，美國為50.4%，英國為51.8%，意即大約每二人之中僅有一人是大學畢業，可見韓國的比率比這些國家高了許多。甚至以「教育熱」著名的日本，也僅達到61.5%。這項指標是以38個OECD成員國、8個合作夥伴等46個國家為對象所制定，就青年層的高等教育進修率而言，韓國位居第二名，而英國和美國則分別排在第九名和第十名，韓國在提升OECD的平均值上做出了貢獻。

無論是學齡人口減少，還是大學升學率降低，最終率先倒閉的仍是後段大學。就算學齡人口持續減少，SKY的競爭率也不會下降。也就是說，能夠發揮作用、具有價值的大學，報考的新生依舊會絡繹不絕。

大學倒閉的主因並非基於學齡人口或升學率，而是因為派不上用場，亦即四年間繳交學費和投資時間的價值下

降，大學的實用性和魅力度降低，以致於失去學生的青睞。大學不是按照櫻花綻放的順序倒閉，而是因為不能滿足學生的需求才面臨瓦解，就像企業的倒閉，其根本原因也是得不到消費者的喜愛、在市場中被冷落。因此，如果一昧地以「順利就業」、「成功考上公務員」等作為廣告行銷，很難有效提升新生入學率，因為學生們早已察覺到端倪。

　　如果是正處於危機中的大學，就應該大膽進行改革。重點不在減少招收人數，或是調整組織、緊縮財政等，而是要對教育內容和學位價值進行結構性地重整。此外，無條件認為「必須考取大學」的強迫性態度，也需要重新檢討省視。

　　在韓國的碩、博士學位論文中，究竟有多少完全不存在剽竊問題呢？在大學校園裡，能達成多少正規的學問研究？就算博士學位沒有抄襲問題，也努力地進行了研究，但這些研究成果，能被活用到現實生活中的究竟有多少？對人類又能做出多大的貢獻呢？針對這些質疑，學校什麼時候能給出明確答案？大學存在的價值，必須由學校自己來創造，承襲舊制就可以支撐的時代早就過去了。

為什麼人們忽視了艾文‧托佛勒的論點？

"

「韓國學生每天花15個小時在學校和補習班裡認
真念書，為了那些將來根本派不上用場的知識與
不存在的職業，浪費掉寶貴的時間。」

"

　　這是艾文‧托佛勒2008年9月於首爾的亞太論壇上
提出的論點。艾文‧托佛勒在全球享有極高的聲譽，尤其
在韓國更是備受尊崇。他曾經向韓國政府提出各式各樣的
建議，並且多次造訪韓國。但是，艾文‧托佛勒最一針
見血的那段話，卻被韓國「教育界」當作了耳邊風——比
起稱之為「教育界」，「教育產業界」這個名稱似乎更為貼
切。當然，相關從業人員在心裡也一定會同意艾文‧托佛
勒提出的觀點，並深切地感到共鳴，他們不是不曉得問題
所在，只是不願意改變罷了。商業的利益關係就是如此驚
人，事情不是用對錯來區分，而是以對自己有利或有害來

衡量。

　　當時艾文‧托佛勒的話可謂醍醐灌頂，讓人們陷入了苦惱，但實際上到目前為止，韓國的教育並沒有什麼改變。學校教育和課外輔導的重心，仍然圍繞在升學上，且無論是大學入學考或是公務員的各種資格考，都是為了篩選出合格者的制度，內容與所謂的「實用性」還有很大一段落差。「為了那些根本派不上用場的知識，浪費掉寶貴的時間」，艾文‧托佛勒的指責就像一把匕首刺進韓國人的痛處，可是依然無法打破韓國補教市場和大學財團等環環相扣的教育產業。

　　事實上，這些人的眼裡根本沒有學生的未來，學生們的競爭力當然也不受重視。**把教育當成商業來操作的利害關係人，明知道以入學考試為中心的教育存在著問題，卻絲毫不打算面對。因為若想解決這個問題，自身的商業利益就可能會受損。**於是，產業界推遲教育改革，有時甚至表現出抗拒，長期以來都維持著舊習。這種情況學生們很清楚，家長們也瞭然於心，但眼下他們只能默默忍受對學校教育的不信任，以及對升學考試為主的教育所產生的不安。

　　尤其是現在的教育不以學生的未來為考量，在生涯規劃方面的準備和應對，完全得由個人來承擔。焦慮的學生們投資學習程式設計、忙於累積各種經驗，而補教市場則積極呼應其需求，甚至製造出病態的社會現象。捫心自問，對於這樣的現實景況，你完全沒有不滿嗎？或者別說不滿，對於孩子們的未來，你不會感到擔憂嗎？

　　艾文・托佛勒在《Wealth 3.0: 托佛勒財富革命》（*Revolutionary Wealth*）中提到：現代學校的建立，是為了培養19世紀工業化時代的勞動者。這不僅僅是艾文・托佛勒的主張，也幾乎是所有人都認同的定論。

　　隨著近代國家的形成，需要培養出符合新時代的市民（國民），而因應工業化的擴大，也需要培育出與之對等的勞動力。19世紀，義務教育在工業革命的據點歐洲萌芽，這種現象並非只是偶然。工業社會的核心價值是單一化、標準化以及量化，因為這是提高生產效益和效率的最佳方法。同樣地，這三種價值也適用於培養工業社會需求的人才，於是，政府開始著手規劃義務教育，學校系統也被建立起來。得益於此，工業化進一步加快，都市化的進程也得以延續。

在過去的 100 多年裡，學校系統充分發揮其作用，但我指的是到 21 世紀之前。背誦、模仿、快速提升到相同水準，這在過去是很好的戰略，但今後類似的做法將毫無意義。生活在 21 世紀，難道要繼續接受 19 世紀的教育嗎？一直以來都採取固定模式，所以只要承襲下去就好了嗎？這種想法太不負責任了！未來的你肯定會埋怨現在的你。

現今的孩子踏出社會時，他們要面對的不是國內的同儕競爭，而是要和全球各地的人才角逐，工作時還要把機器人或人工智慧視為假想敵。但是，現行教育仍以國英數成績為主，著重在升學考試，而考取大學之後，學生們為了準備就業，大多埋首於多益成績、學分和經驗累積。你覺得這樣的學習，真的能在職場上發揮效用嗎？

韓國企業雖然也快速仿效革新型的領導企業，以更便宜的價格、更有效率地大量生產，藉以支撐商業活動，但如今龍頭企業已占據了一切。目前主導全球產業的蘋果、Google、微軟、亞馬遜、Facebook、特斯拉等，都是以 IT 為基礎的新創公司，企業歷史也相對較短，但它們推翻了百年以上的跨國企業，成為全世界最具影響力、市價總額最高的公司。

　　創業不到幾年時間，就成長為世界級企業的案例比比皆是，由此可見，領先的革新型企業是有利的商業結構。那麼，一昧培養只會模仿的普遍型人才，這種教育是多麼地荒謬啊？如果你或你的子女只接受到這種教育，未來不是會更加焦慮嗎？

　　熱愛「全球」和「IT強國」這兩個關鍵字的韓國，在教育方面為什麼無法擺脫「井底之蛙」和「加拉巴哥症候群」（Galapagos syndrome）*呢？答案是「因為錢」。如果因為眼下的財富而無視可能的機會，讓未來變得更加不安的話，由此所衍生的損失，日後將會原封不動地回到我們身上。無論是學校教育還是補教產業，追求符合體制、承襲舊式的教育，並不是因為從業人員懷有惡意或是毫不知情，只是因為人們熟悉了這種狀態，而且彼此構成了一種商業體系。歸根究柢，我們能做的就是積極督促自己成為職業學生，倘若期待政府和教育界做出改變，就必然會在競爭中落後他人。

---

*　加拉巴哥症候群：加拉巴哥群島距離南美洲 1000 公里左右，島上固有的生態系統孤立且獨特，此處用以比喻在全球競爭中落後的現象。

備戰未來，學生們應該學習什麼？

查爾斯・費德（Charles Fadel）是全球教育專家，也是美國教育課程再設計中心（Center for Curriculum Redesign，簡稱CCR）的創辦人兼會長。他曾在哈佛大學教育研究所、麻省理工學院（MIT）、賓州大學華頓商學院（Wharton School of the University of Pennsylvania）等擔任特聘教授，還曾歷任OECD經濟諮詢機構（BIAC）的教育委員會議長。

有趣的是，查爾斯・費德在思科系統（Cisco Systems）工作了13年，也曾在多間IT企業任職，甚至還建立了研究神經網絡和人工智慧的新創公司。身為教育專家的查爾斯・費德，在高科技領域工作了25年左右，如此長的一段時間，讓他比任何人都更能體會科技革新帶來的變化，並認清未來需要什麼樣的教育。他之所以成立CCR，也是希望能找出「21世紀的學生應該學習什麼」，因為在人工智慧和機器人崛起的時代，未來需要的教育絕對不可能和過去一樣。

查爾斯・費德曾透過著作《教育大未來》（*21st Century*

Skills）回答有關教育的提問，而創造力（Creativity）、溝通（Communication）、批判性思維（Critical Thinking）和合作（Collaboration），就是他認為在未來社會必備的核心能力。這4C被全美教育協會（National Education Association）定為21世紀的關鍵能力，並以此作為教育改革方向的基準。為此，2002年美國經濟界和教育界的領導人、政府決策者還成立了非營利機構P21（The Partnership for 21st Century Skills），查爾斯‧費德即在機構內擔任資深研究員。

　　《教育大未來》是查爾斯‧費德與柏尼‧崔林（Bernie Trilling）的共同著作，柏尼‧崔林曾任P21理事會理事，同時也是21世紀學習顧問（21st Century Learning Advisors）的創辦人與甲骨文教育基金會（Oracle Education Foundation）的全球總監等。值得玩味的是，他也同樣是在IT企業工作過的教育專家。

　　查爾斯‧費德和柏尼‧崔林從IT領域轉向教育產業並非偶然，因為提前看到未來的人，當然就會對未來的教育提出看法，那些從過去延續到現在的教育方式，在未來完全派不上用場，針對這些問題他們最能積極地拋出質疑。同時，這也意味著在談到未來教育時，絕對不能忽視高科

技的變化。

查爾斯·費德和柏尼·崔林還合著了《四次元教育》（*Four-dimensional Education*），有機會的話，希望你能讀讀看上述的兩本著作。當然，不能期待這兩本書會帶來課外輔導般的功效，因為它們並非自我開發類的書，而是對教育的真摯探討，比起停留在個人層面，內容更著重於傳達給教育界的事項。

針對18世紀以前的教育和19世紀以後的現代教育，查爾斯·費德如此解釋道：18世紀以前，是以少數貴族階層為對象，進行一對一小班制的討論式授課。當時的目標為全人教育，希望藉此培養出有教養的市民，且為了同時提高品德涵養與創造力，學習的科目主要為人文和藝術。

但是，到19世紀以後，變成了以全體國民為對象的義務教育，教師在大型教室裡單方面授課。由於學生人數眾多，很難進行一對一的指導或討論式教學，於是教師大多集中在快速傳達知識，讓學生理解並背誦下來。由於目標是培養符合工業社會的人才，因此主要學習語言、數學、技術等工業社會生產時所需的科目，以習得知識情報為重心。

我們目前主要的學習方式，就是19世紀以後的現代教

育，即使經過了一個世紀，至今仍然沒有擺脫上述模式。也就是說，現在已是21世紀，但人們卻用19世紀的方法進行教育。那麼，21世紀的教育該如何展開呢？

根據查爾斯・費德的論述，文藝復興時期到18世紀，主要的科目有閱讀／寫作、修辭學、歷史、哲學、數學、音樂、美術、拉丁語等，其中閱讀／寫作（語言領域）和數學，在現代教育中仍為主要科目。不過，文藝復興時期的主要學科中，修辭學、音樂、美術、哲學／倫理學、天文學等，在現代教育中已然消失，或是成為非主流科目。總而言之，這些科目被認定與工業社會的生產活動無關，就算不學也不會影響人們的日常。上述的項目，在古希臘、羅馬時代也是主要學科，當然，18世紀以前的教育並不是針對全體國民，適用對象僅涵蓋上流階層及少數的管理階級。換句話說，這些科目是為了將他們培育成社會領導人，直到近代化的來臨，教育目的才開始轉變為培養勞動者。

然而，在人工智慧和機器人、自動化取代人力的時代，教育若再以培養勞動者為目標進行，必然會碰到許多侷限。歸根究柢，未來教育的走向，還是要回到領導者的

培養為主。**機器人做不到、只有人類才能擁有的判斷力和創造力，人性及品德、人文和教養等，這些將會是未來教育的新方向。**學校教育也將轉為培育引領革新的創意型科學家、藝術家、具挑戰精神的創業家等，而不再只是大量輸出工業社會需求的普遍性人才。此外，培養懂得與他人共存共榮、教養和品德兼備的人才，也將變得更加重要。工業社會的人才教育之所以無法長久，在於我們逐漸從工業社會走向資訊化時代，而且還進一步深化，慢慢地接近所謂的技術奇點（Technological Singularity）。

> 66
>
> 近來，即使受過良好的教育，在五年之後，那些知識也立刻會變得迂腐陳舊。因此，首要之務在於懂得如何找到個人學習目標，要教導學生如何掌握解決問題時需要哪些知識。
>
> 99

　　這是韓國浦項工科大學（Pohang University of Science and Technology，簡稱POSTECH）校長金茂煥（Kim Moo Hwan）在接受《每日經濟新聞》採訪時所述，他提到了大學

教育的方向產生改變，擔綱的角色也發生了變化。能夠率先迎向改變的大學，未來就有機會晉升名校。換句話說，各大學的地位有可能和現在相同，也可能有明日之星崛起。但諷刺的是，現在的名校反而對變化表現得更加敏感與積極。

POSTECH的綜合研究所，自2021年第一學期開設了社會資料科學（social data science）的碩博士課程。這項課程由浦項鋼鐵與SK海力士*補助全額學費，並支援各種教育資源，如果被SK海力士選中的話，取得學位後還保障直接進入公司任職。而企業之所以對此進行投資，就是為了確保能招攬到公司需要的人才。

資料科學家在美國的年薪至少10萬美元以上，與需求相比，該領域的人才嚴重不足。世界的人口雖然多，但人才匱乏一直以來都是企業的煩惱。而諷刺的是，因為工作崗位少，求職者紛紛排起隊伍應徵，但企業卻表示沒有可用的人才。歸根究柢，這些現象的產生，都是因為大學培育的人才和企業的需求人才無法媒合。

也許有些人會認為，就讀人文或社會學系很難找工

---

*　韓國電子公司，為全球 20 大半導體廠商之一。

作，根本毫無用武之地，但POSTECH的綜合研究所，就針對人文和社會學系的學生培養數據相關技能。也就是說，社會資訊科學的碩博士課程並非針對理工科的學生，而是只有就讀人文、社會、經營等科系者才能報考。結合文科與理科來培育社會資訊科學專家，這是因為在該領域裡，所謂的文科素養非常重要。在社會資訊科學中，邏輯和創造力極其重要，無法仰賴工科或文科單方面的素質。若人文社會學系的學生能夠強化理工方面的素養，就等同於獲得了特殊的競爭力。

　為了培養當今時代所需的專業，已不可能再沿用過去區分文科和理科的體制，兩者最終必須在大學裡融合。因此，高中也應該積極考慮消除文理科的分界。就目前韓國大企業CEO的學經歷來看，大學時期選修理工科的人占大多數，過去曾有段時間，CEO絕大多數都是管理學系畢業，如今局勢已然翻轉。不過，這並不代表管理這項專業失去了需求，而是因為隨著IT成為產業的軸心，如果對商業和技術本身一竅不通，就完全無法談及管理。因此，理工科系出身的占比雖然變得更高，但他們仍然繼續累積管理、人文和社會方面的素養。韓國科學技術院（Korea

Advanced Institute of Science and Technology，簡稱KAIST）和POSTECH等以理工科出名的學校，相對在融合教育、創業教育方面進行更多的投資，這樣的現象絕非偶然。

　　POSTECH校長金茂煥表示：大學應該著重培養通才型的人才。所謂的「通才」（Polymath），指的是在各領域皆具備豐富的知識。與在特定領域深入研究的專家不同，打算成為領導者或創業時，通才型的人才會更加有利。因為除了技術之外，還要懂得分析市場和消費者，很多事情都需要快速、準確地進行判斷。機器人和人工智慧雖然可以儲藏大量的知識，但是卻無法將這些資訊加以結合、應用或判斷。因此，我們必須廣泛地吸收各種知識，成為融合型、通才型的人才。

缺乏討論過程，就算不上是教育

　　若想培養前述的21世紀關鍵能力4C，「討論」便是不可或缺的一環。創造力、溝通、批判性思維和合作都可以在互動討論中形成。雖然4C是在規劃未來教育時被提及，但事實上這幾項能力在過去也至關重要，不僅在文藝

復興時期如此，在更早之前古希臘、羅馬時代的教育中亦然。**若想在課堂上進行討論，就必須是一對一或小班制授課，但現代教育以快速、有效地傳達知識為目的，改成教師單方面教學，而非培養學生的問題意識、批判性思維或創造力。**因此，相當諷刺的是，為了未來的教育，我們必須擺脫現在，回到遙遠的過去。也就是說，我們必須從過去尋找未來。

討論是歷史最悠久、最強而有力的教學法，不只是單純地背誦或理解，而是能培養出有深度的思考和創意性。如果強調「討論」的重要，市場上必定會出現相關學院，透過補教產業學習討論技巧的人也會隨之而來。不過，這樣的學習完全沒有助益，因為討論的核心不在於炫技，而是藉由辯論來熟悉批判性思維以及人際交流，並且積極地展現出問題意識，強化思考的深度。意即，討論的核心價值在於提升素養、思辨能力和判斷力，若想達成此目標，就得頻繁、徹底地練習討論。

此外，討論的立基點是互相尊重，唯有認真聆聽對方的意見，討論過程才會流暢，單方面地高談闊論其實毫無幫助。討論不是為了和他人一爭高下，而是累積素養、

品行和知識的最佳途徑。因為在希望討論順利進行的前提下，必須廣泛地吸收各種具有深度的資訊，而為了符合邏輯並且提出批判，最終仰賴的不僅是口才，還有對知識情報的理解和洞察。因此，補教業提供的辯論技巧速成法既無法發揮效用，實際上也根本不需要。「討論」只是一種手段，在過程中獲取的價值才是核心，不必為了接受口說能力的課外輔導而浪費時間和金錢。

　　討論和溝通也是父母可以傳授給子女的能力，令人意外的是，很多父母會要求子女念書，卻浪費掉真正可以學習的機會。我們和家人同住一個屋簷下，平時也會一起用餐；也就是說，包含吃飯時間在內，家人們經常可以對話交流。這種時候，不該只是閒聊藝人八卦或開玩笑，要懂得將其活用為討論的機會。討論或辯論的主題不一定要嚴肅、龐大，只要每天挑選一、二則新聞報導，養成各自發表意見的習慣，長期下來必定累積驚人的實力。美國前總統約翰・甘迺迪（John F. Kennedy）就是一個很好的例子。

　　讓我們從約翰・甘迺迪一家移民美國後開始講起。一般家庭如何在短時間內晉升上流，培養出美國總統，成為最著名的豪門呢？ 1840 年代後期，為了躲避愛爾蘭的饑

荒，派屈克‧甘迺迪（Patrick Kennedy）與湯瑪斯‧費茲傑羅（Thomas Fitzgerald）都移民到了美國波士頓。兩人並非同行，也不是熟識的關係，但他們和出身貧寒的勞動者一起在街頭上做生意，藉此賺了一些錢。派屈克‧甘迺迪的兒子約瑟夫（Patrick Joseph Kennedy）後來透過酒類銷售成

甘迺迪總統的父母承襲傳統，讓家人們於用餐時間聚在一起，透過對話和討論的方式教育子女。後來，甘迺迪在美國總統選舉首次展開的電視辯論會上，憑藉出色的辯論能力扭轉局勢，最終得以向總統之路邁進。（出處：韓聯社）

為了富豪，還曾擔任過參議員；而湯瑪斯・費茲傑羅的兒子約翰・費茲傑羅（John F. Fitzgerald）則是成立了媒體公司，甚至當上波士頓的市長。

　　兩人在成為波士頓的有力政治家後，便讓子女進行了聯姻，也就是約翰・甘迺迪的父親老約瑟夫・甘迺迪（Joseph Patrick "Joe" Kennedy）和羅絲・甘迺迪（Rose Elizabeth Fitzgerald Kennedy）。老約瑟夫・甘迺迪透過證券、銀行、電影事業和房地產投資，晉升為美國代表性的富豪，還曾經擔任美國羅斯福總統的後援會會長、美國駐英大使等，除了名列富豪之外，在政治圈也有極大的影響力。

　　第一代愛爾蘭移民者辛苦地打下基礎，第二代成為白手起家的富豪和政治家，第三代則晉升美國首富，並培養了政治力量，而第四代包括美國前總統約翰・甘迺迪在內，九個兄弟姐妹中有司法部部長、參議員、美國駐愛爾蘭大使，甚至還有國際特殊奧運會的創始人。而在此值得留意的，便是約翰・甘迺迪父母教育孩子的方式。

　　在英國和愛爾蘭，父母會在用餐時間教導子女，而甘迺迪家族也承襲了這項傳統。擁有至高財力和政治影響力的老約瑟夫・甘迺迪即使忙碌，仍會在用餐時間與孩子

們分享自己遇到的權威人士、商場或世界動態，而母親羅絲·甘迺迪則是讓他們閱讀《紐約時報》，並於用餐時間進行討論。為了讓注意力不集中的孩子也一起參與討論，母親的角色非常重要。報紙上有各式各樣的新聞，羅絲·甘迺迪通常會準備一個以上孩子們感興趣的主題，然後把它當成討論素材，家人間彼此頻繁交流，透過討論提升批判性思考、溝通和邏輯能力。據說因為討論熱烈，家人們的用餐時間甚至延長到兩個小時。

約翰·甘迺迪當選總統的決定性關鍵，就是在電視辯論會上力壓對手候選人。在落後的選戰中，他藉由卓越的辯才，在最後一刻逆轉了局面。當然，不是只有打算成為總統的人才需要具備辯論能力，在日常生活中，這也是我們不可或缺的能力之一。我們不是獨自生活在世界上，必須和他人一起攜手工作、度日，而「討論」既是溝通的能力，也是邏輯、思考和戰略能力，與提升口說技巧不同，討論的能力無法在短期之內累積成長。

善於利用科技、最符合未來教育風格的密涅瓦大學（Minerva Schools），採用的是現場直播、討論的教學法，與現有的線上教育課程MOOC（Massive Open Online

Course）不同。MOOC是在網路上公開授課的視訊講座，以單方面的教學為主，即時的問答或討論備受限制。相反地，密涅瓦大學的所有課程都是直播教學。雖然是線上授課，但課程的重心圍繞在即時問答和討論，教授會提前讓學生們在網路上預習課程內容，並透過學校的線上授課平臺「Forum」，**每天晚上與學生進行即時的討論和指導。密涅瓦大學的教學方向不是單方面的知識傳達，而是希望學生養成自動自發、自我主導的學習能力。**意即，教育的目的不在於取得學位，而是讓學生擁有在畢業後也能持續深造的能力，藉此培養出能在世界舞臺上工作、生活的國際型人才──這便是善用網路和教育科技優點的大學新模式。

2014年創辦的密涅瓦大學，是間沒有校園和教室的正規大學。傳統大學一直以來都在廣闊的校園內打造多樣建築，將房地產的價值視為學校資產，經營體育團隊，並積極地展開營利事業和投資。長期下來，不得不讓人心生質疑：大學究竟是為了服務學生而存在，抑或學生的存在只是為了維持大學的商業運作。為了將大學的經營重心拉回教育，以網路為基礎的線上授課模式，反而可以成為很好的提案，這便是密涅瓦計畫（Minerva Project）的創始人兼CEO班・尼

爾森（Ben Nelson）在創建密涅瓦大學時意識到的問題。這樣的問題意識，目前也在其他大學中蔓延，而感受到危機意識的學校，最常拿密涅瓦大學作為仿效的典範。

與具備校園的大學不同，沒有校園也將成為新的優勢。一年級在舊金山、二年級在首爾和印度海德拉巴、三年級在柏林和布宜諾斯艾利斯、四年級在倫敦和臺北，學生們在學的四年期間，可以在全世界七個不同的城市生活

透過自家的線上授課平臺，教授每天晚上會和學生進行即時討論和教學。密涅瓦大學充分利用了網路和教育科技的優點，成為大專院校的新榜樣。（出處：密涅瓦大學網站）

並完成學業。除去了「校區」這種物理空間的限制，利用網路授課，反而可以將校園放大到全世界。這不僅有利於培養國際型人才，對數位游牧（Digital Nomads）、創業者或創新者的育成也大有助益。

　　密涅瓦大學的學費每年約3萬1000美元，是常春藤聯盟的三分之一左右，而密涅瓦大學的目標，就是以較低的學費提供常春藤聯盟水準的教育。2014年有2500多人申請密涅瓦大學，2015年有1萬1000多人，2016年為1萬6000多人，2017年則為2萬3000多人，報名人數逐年增加。尤其在2017年時，報考密涅瓦大學者的錄取率為1.9%，而當時哈佛大學的錄取率為4.6%。

　　雖然無法單純地拿這兩所大學做比較，但從數據上可以得知密涅瓦大學有多受歡迎，要被錄取又是多麼地困難，因為眾人皆對新的教育模式投以高度關注與期待。當然，考進密涅瓦大學後，能不能順利畢業也是個問題，部分人曾指出，密涅瓦大學的學習強度比常春藤聯盟更高。而密涅瓦大學的終極目標，就在於培養出真正熱愛學習的領導人，並且往所謂的職業學生邁進，終其一生努力吸收新知。

透過MOOC參與全世界名校的線上課程

考不上SKY不代表就聽不到頂尖大學的授課；進不了耶魯、哈佛或MIT，也不意味著從此和名校的課程無緣。過去唯有考進名校才能聽取該校課程，如今卻可以免費在網路上聽講。假如是發自真心想要學習，而不僅是在乎學位的話，那麼就可以藉由網路自由穿梭各國名校，參與權威名師開設的線上課程。不必直接到教室現場，只要坐在房間的書桌前，準備好電腦和網路即可。

MOOC是Massive（沒有聽課人員限制）、Open（對所有人開放）、Online（線上）、Course（講座）等英文字母開頭的縮寫。不因時間和空間限制而失去教育機會，讓所有人都能實現夢想，學習自己感興趣的新知——這就是MOOC成立的初衷。而Coursera、 edX和Udacity等網站，便是提供MOOC服務的全球代表性線上教育平臺。

新冠病毒爆發的大流行，讓MOOC的使用量大幅增加，且全世界的大學紛紛改為線上授課，這也使MOOC的實用性愈來愈高。此外，針對世界各地受限於疫情、難以正常推行課程的大學，Coursera還免費提供了Coursera for College 的服務。

Coursera 成立於 2012 年，包含杜克大學（Duke University）、耶魯大學（Yale University）、普林斯頓大學（Princeton University）、史丹佛大學（Stanford University）、賓州大學、柏克萊音樂學院（Berklee College of Music）、卡內基美隆大學（Carnegie Mellon University）、喬治亞理工學院（Georgia Institute of Technology）、約翰霍普金斯大學（The Johns Hopkins University）、喬治華盛頓大學（George Washington University）、KAIST、延世大學、北京清華大學、東京大學、新加坡國立大學、香港大學、倫敦大學、哥本哈根大學、日內瓦大學、巴塞隆納大學、雪梨大學、慕尼黑工業大學等世界主要名校，以及 Google、IBM、英特爾、思科、亞馬遜等，Coursera 與全球 200 多間大學和企業締結合作關係。

在 Coursera 上開設的講座超過 4600 個，所有人都可以免費聽取名校課程，此外，收費的學位學程也有 40 個以上。Coursera 所提供的由頂尖大學或企業開設的教程和專案，參與使用的公司超過 2400 間，而學生或上班族為了取得學位或持續深造，也廣泛地使用此系統。在 2012 年至

2020年這段期間，Coursera的使用人數達到了7600萬人。根據Coursera在2019年實施的問卷調查顯示，「為了開發專長而進修的人當中，有87%獲得了升遷、調薪、轉換跑道等經歷方面的優勢」。

Coursera的課程基本上都是免費，但如果想要取得結業證書，就必須繳交報名費。此外，Coursera也和亞利桑那州立大學、倫敦大學、密西根大學等校，聯合開設了學士和碩士的線上學位課程，修業時間大約需要一～三年。此外，伊利諾州立大學將8萬美元的MBA課程，轉換為2萬美元的iMBA線上授課；賓州大學華頓商學院雖然未開設MBA，但以600美元左右的報名費，提供了包含五項課程的特別學程。MOOC對大學來說，也是一種新的商機，因為校方可以將實體課程與線上授課結合，或是利用網路教學的模式，吸引來自全球各地的學生。

喬治亞理工學院自2013年開始在Udacity平臺上，以三學期（原學費4萬5000美元）為基準開設的正規電腦科學碩士課程（Online Master of Science in Computer Science），透過MOOC平臺以7000美元的價格提供。報考者可與喬治亞理工學院在校生學習相同的內容，以一

樣的標準進行評比，獲得的學位也完全相同。不過，線上課程並不會比實體課程容易，順利畢業的機率還有可能比在校生更低，但優點是在全世界的任何一個地方，都可以透過網路進修喬治亞理工學院的碩士學位。以2016年為基準，共有86個國家、3000多名的學生註冊此學程。

　　MIT史隆管理學院（MIT Sloan School of Management）透過edX平臺，提供了二學期MIT物流經營MBA學程（原學費8萬美元左右）的五項課程（每項課程150美元），五項課程加上期末考試大約為1500美元，完整修完一學期之後，可以取得微碩士學位（MicroMaster's Credential）。拿到微碩士學位的學生若有進修意願，在經過一定審查後，可於MIT校園以4萬美元左右的學費修完剩下的一個學期，取得物流經營的碩士學位（Blended SCM Master's Degree）。這樣的修課方式，等於結合了實體課程和線上教學。

　　如今的時代不缺進修方法，關鍵在你有沒有學習意志。就算預算不足、時間緊湊也無所謂，因為可以自由選擇時段在網路上聽取免費課程。不過，我的意思並不是指

沒有必要考取大學，只要使用MOOC聽講就好，而是上了大學之後，可以一邊修習自己的專業科目，一邊聽聽看其他名校教授的教學。假如某項課程與自己的專業有關，但目前就讀的學校未開設相關科目，那麼就可以在全世界的其他學校搜尋該科目聽講。正所謂學無止盡，**無論是否考取大學，如今每個人都可以透過頂尖名校的課程來增進實力。活在這樣的時代，如果不懂得利用資源，可說是嚴重的浪費。**

挑戰超速學習法

活用MOOC最好的案例，就是所謂的「Ultralearning」。Ultralearning被解釋為「超速學習」，是指將四年濃縮為一年，在這段期間進行高強度的學習。居住在加拿大溫哥華的史考特·楊（Scott H. Young），從2011年10月開始到2012年9月的一年期間，透過免費公開所有課程的MIT OpenCourseWare，學習了電腦科學四年制課程的33個科目。四年的課程他僅用一年就完成，而且他從未踏進校園過，只在距離MIT約4000公里的住家中線上聽課。以自學

的方式在一年內念完MIT的四年課程，他將這樣的學習法命名為「MIT 挑戰」（MIT Challenge），並且在個人部落格（www.scotthyoung.com）詳細公開所有過程。

　　史考特・楊在高中畢業時，按照分數進入了排名中段的大學，挑選科系時則茫然地選擇企業管理。畢業之際，他在衡量自己的性向和出路時，對電腦科學產生興趣，但已經不可能再投資四年的時間和學費。後來，他得知MIT OpenCourseWare設有開放課程，便利用線上聽講的方式進修電腦科學。如果只是基於就業需求而打算取得學位的話，就不可能採取這樣的學習方式，因為MIT OpenCourseWare不提供文憑。雖然拿不到學位，但史考特・楊擁有學習的欲望，所以願意為此付出時間。

　　由於可用的時間不多，所以他把四年的課程壓縮至一年。史考特・楊列出了MIT在校生的必修科目清單，然後以自學的方式，在網路上觀看教授們的教學影片和資料。他每天從早上6點上課到傍晚6點，33門課程全數合格，等於每十天就修完一個科目。所有課程都必須通過最終考試才算合格，而他也順利過關了。就算只是通識課，把四年的科目壓縮到一年內修完也不是件容易的事，而史考

特‧楊居然只用一年就通過了MIT課程，可見他的學習強度有多驚人。

仔細想想，把四年壓縮到一年雖然很困難，但史考特‧楊還是做到了，那麼把四年縮短為二年，應該也是有望達成的目標。因為大學四年若扣掉寒暑假，實際上課時間和二年並沒有相差太多。史考特‧楊並非名校出身，而且原本就讀的科系是企業管理，他能用超速學習修習完電腦科學課程，不是因為天賦異稟，而是這樣的目標我們每個人都有能力挑戰。**韓國的高中生每天念十小時的書是基本，對經歷過大學升學考試洗禮的學子們來說，「超速學習」是不是也很值得挑戰呢？**

史考特‧楊挑戰MIT的事跡傳開後，不僅收到了微軟的聘書，也獲邀加入新創公司擔任程式設計師。不過，史考特‧楊選擇開啟另一項「超速學習」，包括挑戰為期一個月的美術課（肖像畫），以及分別用三個月的時間學習西班牙語、中文、韓語、馬其頓語等外語，學習對他而言已經等同於職業。

他將個人的自學方法命名為「超速學習」，把其中的過程出版成書，透過演講宣傳這樣的學習方法。他的著作

被美國《華爾街日報》（*The Wall Street Journal*）選為暢銷書，同時也在韓國翻譯出版*，目前的他仍繼續撰寫新作。身兼作家、程式設計師和講師的史考特・楊，過著豐富多彩的生活，當然，只要他繼續學習下去，職業就會不斷地追加和改變。史考特・楊可說是典型的職業學生。

　　許多人會按照成績分發進入大學，茫然地跟著大家選擇所謂的熱門科系；也有很多人覺得個人的性向不重要，只要可以維持生計就好，一邊從事著與夢想、性向無關的工作，一邊自我合理化。倘若在現實生活中不可能再次投資時間和金錢重新就讀大學，不得已而必須放棄的話，現在可以透過MOOC免費上大學。培養自己的實力和專業，找回曾經放棄的夢想，在學習的過程裡，很有可能會獲得意想不到的機會和成長。**只要拋下對學位的執著，集中精力學習，就能在當今時代創造出新的機遇。未來的世界更是如此。**

---

*　繁體中文版是《超速學習：我這樣做，一個月學會素描，一年學會四種語言，完成 MIT 四年課程》。

升學考試的內容，一輩子能用到多少？

　　說實話，那些內容幾乎用不到。除了考試解題之外，工作時不會用到，在人際關係方面也派不上用場，因為我們只學到了應試技巧，社會上的必備能力一點也沒接觸到。死背下來的內容，隨著時間流逝變得愈來愈模糊，但即使記得，對生活也沒有實質的幫助。某個人物在哪個朝代做了哪些事，這明明不是歷史教育的核心，但我們卻都只背誦了年代、人名和事件。以升學考試為主的教育，沒有告訴學生如何分析事件背景和其中的社會意義，也沒有多餘的心力引導他們將歷史事件與當今議題連結起來。

　　升學考試的英語試題在英國人、美國人眼裡也相當荒謬，刻意兜圈子讓學生掉入陷阱，或是硬要把現實生活中用不到的語法納入考題，所有的一切都只為了「考試」。很多時候，英語課堂上的教學不是為了讓學生能和歐美人士順利溝通，而是著重如何答題才能在考試中拿高分。不過，這樣的情況其實不難理解，因為在一分之差就會影響排名的升學考試裡，為了讓成績平均分布，不得不提高試題難度，而且必須用複雜的考題區分出程度，如此一來方

能減少不滿。

　　2021年，韓國大學升學考試的應考者為42萬1034名，其中在校生為29萬5116名、畢業生（含鑑定考試）為12萬5918名。當然，加上申請入學或個別招生，實際應考人數肯定要更多。首爾的前段大學，光是申請入學（總共錄取約6萬人）的報考人數就有約90萬名，在競爭激烈的情況下，學生總是在參加模擬考，學習也擺脫不了前述方式。把時間、努力和費用投注在未來根本用不到的學習上，這無疑是國家的損失。

　　公務員考試也一樣。中央職和地方職加起來，韓國每年的公務員招考規模約為3萬名左右，這是最近提高過後的人數，未來的錄取名額可能會更少。每年準備求職的新鮮人大約有70萬名，其中打算報考公務員的有25～40萬人左右。根據韓國就業網站Job Korea與Albamon針對「2020年公務員考試準備現況」做出的問卷調查結果，韓國的社會新鮮人中有58.7%表示今年打算報考，大學生中則有47.5%做了相同的答覆。

　　數年來，韓國政府的統計數據上也顯示，十名準備就業的新鮮人中，大約有四名打算報考公務員。公務員考試

的準備不是短期的，通常需要投資數年時間，在應該投入職場、提高生產效率的時期，青年們卻花了大量時間和金錢在準備考試，從機會成本的層面來看，國家等於浪費了數十兆韓元。

準備公務員考試的人當中，最終有95%的人會落榜，只有5%的合格者可以進入職場賺錢。不管先前學的東西有沒有用，至少都有機會延續，問題相對來說較小，但剩下95%的落榜者就不同了。他們付出數年的時間、努力和金錢，一旦落榜，這段期間的學習就等於全都白費，因為那些內容難以實際應用在社會上，只能用在考試中區分合格與否。

升學考試也一樣，為什麼我們要為了考試，把學習重點放在那些沒有用的細節上呢？不能把考試內容換成派得上用場的東西嗎？因此，曾經有人提議把需求與日俱增的「程式設計」列入考試範圍，如此一來，就算考不上公務員，至少也可以獲得一項實用技能。

不妨將程式設計列入大學學科吧。小學、國中、高中，12年來為了考大學而不斷學習，接著從就讀大學到畢業之後，還要投入好幾年的時間準備就業，既然如此，至

少也要讓學生學到未來可以發揮效用、價值更高的技能。從機會成本的層面來看，這樣的安排也較為合理。當然，由於當中牽涉到許多補教業的利益，有可能會引發反彈，甚至程式設計在被列為考試項目後，也一定會產生侷限性，但即便如此，我們仍然需要改變。

一定要上大學嗎？

你選擇升學的理由是什麼呢？因為想要繼續念書，還是因為有文憑比較好找工作？所謂的「職業不分貴賤」在現實中完全不適用，這就是韓國社會。收入不高的職業，人們會毫不猶豫地加以輕視，且比起製造業和服務業，社會上更尊崇白領階級與專家。每一種行業都有其價值，但大部分的人還是更偏好利於累積財富與名譽的職業。觀察小學生、國中生和高中生的未來志願，醫師、律師、教授等專業型工作，和被稱為鐵飯碗的公務員等（包括教師、警察）名列前茅。因此，我們很難不對大學產生執著。韓國的大學升學率在全世界高居首位，同樣地，學歷自卑與歧視也相當嚴重。我們在看待大學時已經失焦，以致於對

名校存有瘋狂的執著。

　　不僅僅是在韓國，各個國家都有所謂的名門大學，尤其在美國和英國等名校甚多。不過，只有韓國對於名校格外執著，競爭非常激烈，在報考大學的人當中，幾乎人人都以進入名校為目標。小學生和國中生夢想考進名校，升上高中後也依然期待著終局逆轉，絲毫不放棄任何進名校的希望。

　　有夢很美，努力逆轉局勢也很好，但是，名校的招生名額有限，最終只有少數人能考上。每個人都期盼進入名校，於是選擇花錢補習，從小學、國中到高中，12年來投資大量的時間和金錢。就算只有1%的可能性，人們也心甘情願。**不僅只有在校成績優異的學生夢想考上名校，而是每個人都試圖挑戰，因為只要從名校畢業，似乎所有問題都會迎刃而解。生活在這樣的時代，升學考試競爭激烈是必然的結果。**

　　你為什麼希望子女考進名門大學呢？首先是學位，而取得學位的最終目的，是為了在就業或社會生活上取得利益；其次為學緣＊，目的在於透過人脈來獲得好處。學位和

＊　指受教於哪個學術流派、畢業於哪所大專院校等。

學緣，這兩者都不是考取名校的終極目標，而是希望藉此擁有更多機會、賺更多的錢、享受更崇高的地位。

JTBC的《Sky Castle 天空之城》（2018 ～ 2019）以及後來SBS的《Penthouse上流戰爭》（2020）兩部熱門韓劇，內容以上流階層的虛榮、第一名等於萬能、教育戰爭等為題材，雖然刻意用奢靡的角度來包裝，強調是上流社會的故事，但卻離不開血淋淋的現實。劇中描繪了韓國社會涉及結構性弊端的兩個最大欲望——房地產和課外教育，與現實情況並沒有太大出入。

現在仍有許多人將擁有昂貴的房地產（嚴格來說是市價會不斷上漲的房地產）、把子女送進首爾大學視為人生目標。實現這兩項目標後，就真的會變得幸福嗎？隨著房地產增值，每年要負擔的稅金就愈高，而且房價上漲也不代表賣掉就一定能賺錢。此外，因為需要自家居住的房子，對於只擁有一處房地產的人而言，無論房價如何上漲，都只不過是數字罷了，不等於馬上可以握在手裡的現金，但每年都還是要繳納高額稅款。當然，房價上升沒有理由不開心，可是也並非值得慶賀之事，因為別人的房地產也同樣會增值。大家都希望搬到比目前環境更優渥的地

方，但很少有人願意接受坪數更小、條件更差的房子。到頭來，房價的上漲只會讓搬家夢變得更艱難。

孩子考上首爾大學後，人生就會一帆風順嗎？從首爾大學畢業就能保障財富和名譽的時代已經過去。頂著首爾大學光環卻找不到工作的畢業生比比皆是，就算順利就業，名校的招牌也不再像以前一樣有助於升遷。說實話，就算是首爾大學出身，也只不過是代表從優秀的大學畢業，人生並不會因此扶搖直上。前面提到的兩部電視劇主角都是富豪，他們期盼的並非是子女從名校畢業後能賺錢養家，子女只要繼承現有的家產就已足夠。

在現實生活中，真正的有錢人已經不會再把首爾大掛在嘴邊，因為考上了固然很好，但就算進不去也不會怎樣，而出國留學這條路，和過去相比並沒有加分多少，這點大家也心知肚明。儘管如此，許多人還是不惜砸下大筆的補習費、捐款等，試圖利用各種方法把子女送進名校。他們的目的不在於實用性，而是因為他人的視線、對外的地位、名分和傳統等。大學學位的意義僅限於此，現在是這樣，以後也不會改變吧？

在學位的力量愈來愈弱，學緣的影響也愈來愈低時，

我們應該要懂得改變視角，不再把考取名校這條路視為逆轉人生的機會。雖然名校出身可能會有優勢，但就算不是從有名的學校畢業，仍然處處充滿機會。如果考上名校，也不要只是去當陪襯，必須帶著目標，以投資的眼光前進。倘若僅是盲從或者為了取得文憑，那麼與投入的時間和金錢相比，效果只會大打折扣。毫無目的地綁在大學四年，除了白繳學費之外，在時間和機會上更是浪費。

大學沒有用嗎？不，大學仍有需求，但不是對每個人來說都必要，現在更是如此。如果說過去每個人都需要一張大學文憑，那麼時代已經改變了，不是書念得多就愈有利，技術和實力才是關鍵。畢業證書、學位、資格證的有無不重要，重要的是累積了多少能夠真正派上用場的技能和經驗。

比起頂著名校光環就業，如今的時代，有愈來愈多人非名校出身，卻憑著創業獲得了更高的財富和名聲，甚至連小學生YouTuber的年收都比大企業的主管還高。「高學歷＝成功」的模式明顯已被打破，但這並不表示學位本身沒有需求，而是指現在要懂得拋棄盲目追求文憑的態度。隨著我們的觀念改變，大學教育的品質才會更快地進化，

也才有機會在未來生存下去。

　　大學畢業生的年薪平均高於高中畢業生。在美國，學位也擁有一定的影響力。不過，如今卻漸漸產生了變化。美國民意調查企業蓋洛普（Gallup），在2019年以2000名美國成年人為對象，針對大學教育的重要性進行調查，其中回答「非常重要」的人占51%，「相當重要」者占36%，「不重要」者則占13%。而同樣的調查在2013年進行時，有70%的人認為「非常重要」，23%的人認為「相當重要」，6%的人覺得「無關緊要」，相比之下差距顯著。特別是如果將調查對象限定在18～29歲之間，2013年回答「非常重要」的人占74%，2019年則為41%，在就讀大學的青年層當中，逐漸對大學的重要性感到質疑。

　　昂貴的學費也是造成這種變化的因素之一。以2019年為基準，美國私立大學的平均學費是4萬8510美元，公立大學是2萬1370美元左右，這些都會成為學貸債務，投資是不是能獲得相對的效果，也讓學生愈來愈陷入懷疑。此外，未讀大學者的成功案例增加也是原因之一。即使沒有大學學位，也不斷有人透過創業斬獲財富和名譽，且這些新創公司和IT企業也逐漸不把學歷列入徵人條件，對大

學教育的重要性產生了影響。不過，與高中畢業生相比，大學畢業生在就業和商業方面仍然較為有利，至少在幾年內這種趨勢還會持續。因此，與其把焦點放在要不要考大學，不如認清文憑帶來的影響正在減少，所以不要盲目地相信大學招牌，應以提高自身實力為目標。

　　如果你在讀這本書之前，期待會看到「沒必要考大學，即使考上名校也沒什麼幫助」之類的內容，現在最好重新思考一下。大學的價值的確產生了變化，不要求大學文憑的跨國企業也確實正在增加，然而，這些現象不代表大學沒有需求，大學教育也不會全部退場。將來肯定會有很多大學倒閉，也有很多教授會失去工作，**但是，能夠與時俱進的大學不會被淘汰。這樣的大學，會比過去我們所認知的大學教育更加貼近現實，更深入符合產業需求。當然，四年的修業時間也將大幅縮短**。大學不再是讀過一次就能拿到畢業證書的終身保障，而是隨時提供新教育和新技術的充電站。就像使用智慧型手機時必須固定充電，下載必要的應用程式、定期更新一樣。

選什麼科系才有競爭力？

　　先講結論的話，就是沒有哪個科系會特別有利。與其先計較科系的利弊，不如選擇當下自己最關注、最感興趣的領域，因為不管選擇哪一個科系，最終都會往融合的方向走。無論先學的是什麼，之後都要繼續進修，與其他領域所學融合，所以不必太在意選擇的第一個專攻為何。拋棄「選科系就等於選職業」、「科系就等於未來」這樣的想法吧！大學就讀的科系不過是一片拼圖，只是個起點而已。一輩子只擁有一種職業、只在同一個職場上班，這種終身職場的概念是20世紀的遺物，如今有「鐵飯碗」之稱的公務員也可能無法保障能做到退休，能力不好的話隨時會被裁員。因此，別再以終身職場的觀點來挑科系，拋棄舊時代的態度吧！

　　此外，以同一種職業在不同公司間跳槽的時代也結束了。如今職業的有效期限不斷縮減，在生活中可能會多次遇到自己從事的職業價值下降，必須換到其他領域的情形。現在的國高中生要面臨的未來，可能普遍會以十年（或許會更短）為週期更換一次產業。因此，不要認為大

學的專業就足以吃一輩子，因為目前大學教育的價值，可能連畢業後的幾年都撐不了。

儘管如此，還是有值得投以關注的科系，也就是在未來社會將變得更重要、以科技為基底的領域。無論從事哪一種職業，學過 STEM（Science, Technology, Engineering, Mathematics）的人一般都會被賦予更多機會，美國、英國、日本、德國等先進國家，已經相繼在科學、科技、工程、數學等所謂的 STEM 領域進行投資和培育。這些領域將來會有較多人才需求，也是未來產業和技術中最不可或缺的能力。此外，這些科目也是各種職業的基礎知識，未來在人文、社會或經營領域的職場中，專攻 STEM 者也將占有優勢。我們不該再像過去一樣把職業分為文科和理科，因為所有道路都會通往 STEM。

不過，如果科系的名稱中有近來不斷受到關注的關鍵字，就有必要更謹慎地觀察。大學也是一門生意，唯有學生入學才能賺到學費。因此，有些學校為了吸引學生報名，會將大眾認為深具潛力的關鍵字加入系所名稱，急於打造新的科系。像是在學科或是學系名稱裡加上數據、人工智慧、3D 列印、機器人、金融科技、區塊鏈、虛擬實

境、YouTuber、無人機等，或是經常使用未來、融合、智能等看似萬能的詞彙。

當然，有些科系是順利獲得投資後創立，但也有些科系教授陣容不變，只是把學科和系所的名字「洗」得很漂亮，或者對於新技術和產業的必備能力無法提供充分的教育，浮誇的成分居多，又或者是從以前就習慣「戰略性地」更改系所名稱。這些情況，完全是從吸引學生的招生角度出發，究竟能否在學校習得期待中的專業能力，不得不令人心生質疑。

不過，還是有很多人為了就業，懷著希望進入這些學校。就像買東西前要左右衡量一般，如果不想浪費時間和金錢，那麼至少在入學之前，必須檢視一下教授陣容和課程，以及學校在系統和設備上做了多少投資。一張華而不實的文憑沒什麼用處，如果想學習具有潛力的技術，短期的培訓課程可能比大學教育更有效。不僅可以節省時間和成本，還能在集中且迅速地學習後上職場累積經驗，這種方式以機會成本而言反倒更有利。

那麼，醫學院還是很有前途的吧？這句話只說對了一半。近來韓國有不少地區醫院倒閉，醫生在金融圈的信用

貸款額度也大幅降低。以高收入的職業來看，醫生的前景早已不如從前。當然，與其他職業相比，醫生的收入仍然算高，但如果打算考取醫學院，在想法上必須轉換一下。一直以來，若想成為治療患者的醫師，醫學院就是必經之路，而實際上考到醫師執照後，大部分的人也都是選擇為患者提供治療，因為這條路的收入最高，「醫師＝診療」的公式也被認為理所當然。

　　其實，對醫師需求最高的新興領域是生技產業。根據全球調查與諮詢公司 MarketLine 2020 年 6 月的〈全球生物科技報告書〉（Global Biotechnology）顯示，全球生物科技的市場規模在 2015 年為 3325 億美元，2019 年增加到了 4502 億美元。與前一年相比，2016 年市場規模成長 5.8%，2017 年成長 7.9%，2018 年成長 8.4%，2019 年則成長了 9.3%，每年皆呈現上升趨勢。2020 年則迎來了新冠病毒大流行這樣的契機。對生技產業而言，2020 年和 2021 年是創造爆發性成長的時機，在新冠疫情出現之前，以原本的上升趨勢來看，2024 年也有望達到 6433 億美元，但現在預期將出現更大幅度的增長。6433 億美元相當於 700 兆韓元（約 15 兆 7694 億新臺幣），2019 年生技業的市場已經達

到500兆韓元（約11兆2630億新臺幣）左右，因此往後的10年極有可能達到1千兆韓元（約22兆5207億新臺幣）。

這還不是全部，醫療保健（Health Care）產業也凌駕於生技業之上。雖然現有的醫療產業規模仍然龐大，但考慮到成長性和未來發展，醫生可以做出除了診療之外的其他選擇。為了開藥局所以成為藥師，為了開醫院所以成為醫生，這種想法過於傳統。當然，如果要培養生技業需要的醫師，醫學院也必須有所改革。韓國的浦項工科大學就試圖設立新的研究與開發（R&D）醫學院，目標不在於培養醫院所需的醫師，而是以符合生技業需求的專家為教育重心。

不僅是取代人類手臂的機械手臂而已，總有一天機器人也會代替醫生進行手術，微型機器人會在人體內進行診斷和治療。不過，這並不代表醫生這個職業會就此消失，只要人類還祈求健康長壽，就會對醫生繼續存有需求，只不過範圍不再侷限於我們目前所認知的醫院。寫到這裡，一定有很多人會認為「果然還是要把孩子送進醫學院」，但可以肯定的是，成為醫生就能享受財富和名聲的時代已經過去很久了。即使當上醫生，也要在激烈的競爭中生存下來，才得以享受財富和名譽。通過那道艱難狹窄的大門，取得的成果卻

明顯比上一代少很多。當然，和一般上班族相比，醫生仍然處於優勢，但實現目標的過程亦是困難重重。

　　那麼工科大學呢？法學院呢？一定想繼續問下去吧？我可以明確地告訴你：世上沒有所謂的夕陽產業，只有夕陽企業。職業和專業也是相同道理，不是所有歷史悠久的職業都會貶值，它們有可能未來依然健在，其中名列前1%者地位甚至還將更為穩固；同樣地，不是只要從事潛力產業就都會變得前程似錦。總而言之，選科系時要選擇自己想做、感興趣且能夠投入的領域。不管是什麼職業，若想成為其中的佼佼者，努力的過程都必須懷著熱情和興趣，唯有如此，才能比他人更加卓越。此外，無論是什麼科系，不是選了之後就必須讀到最後，如果中途覺得這條路不對，可以轉換科系再繼續學習——這既是未來的職業教育戰略，也是在選擇科系時必備的觀念。

　　2030年開始展開經濟活動的人，一生大概會換八～十種職業。

這是未來學家湯瑪斯・傅萊做出的預測，不是一生中換八～十個職場，而是職業。意即不是以相同的職業跳槽到不同職場，而是相當於每二～五年就會換一種職業。對生活在這種時代的人而言，**第一個就讀的科系不過是第一次選擇而已，唯有成為職業學生才有辦法生存下去。**

取代四年制大學的微型大學

微型大學是以幾週到幾個月的短期學習課程為主，當然，這樣的大學不提供學位，以快速教授實務技能為目的。這種形式，也有可能會成為未來大學的面貌。為什麼不是四年制大學，而是需要微型大學呢？理由就在於知識情報的半衰期（Half-life）。半衰期指的是放射線物質的量減少到初始的一半時所需的時間，為放射物理學用語，同時也被用在地質學、考古學、經濟學和社會學等多項領域。

知識半衰期一詞也被廣泛地使用，意味著現有知識能派上用場的時間漸漸縮短。在快速變化的產業和社會中，隨著知識半衰期縮短，大學四年間教授的專業知識便失去其價值。不管是多麼具有潛力的新科系，在學四年期間學到的知

識都很有可能變得過時。由於世界變化和進步的速度非常快，大學必須縮短四年的學制才能生存，或者乾脆放棄原本的角色，不再以培養社會和產業所需的人才為目標。

　　未來學家湯瑪斯‧傅萊是主張微型大學將成為未來教育主流的代表性人物，他也在自己擔任所長的達文西研究所經營微型大學。微型大學是為了想要學習新技術、擁有第二專長的人所設立的短期職業教育，聘請了實務現職人員和專家擔任教授，針對無人機、3D列印、人工智慧、區塊鏈等新技術和新職業領域，進行為期4～11週的面授課程。微型大學的優點在於以實務為重的客製化課程，讓人能夠快速地學習並立即投入職場。

　　如果出現了新的工作領域或人才缺口，四年制或二年制的大學首先需要開設新科系、確保教授陣容，然後經過二到四年才能產出人才，流程太過緩慢。對比之下，微型大學在市場出現需求時，可以讓人立刻學習並投入職場，較能提供即時性的應對方法。在解決產業需求方面，微型大學採取的方式效果顯著。這樣的學習並非一次性，當新的技術出現、需要新的角色時，便繼續進修藉以提高技能──這就是所謂的職業學生，也是真正的終身教育。

　　如果產業和工作崗位發生變化，教育就要跟著改變，而大學的經營方式當然也必須有所改革。此外，個人看待教育的態度亦要跟著修正。由於產業結構改變，正職工作逐漸減少，約聘制和自由工作者增加，因此，以幾個月、幾週、甚至幾小時為單位的短期僱傭也只能跟著增加。面對這樣的變化，我們無法逃避，或是只用過去的視角來看待。在工作概念和教育概念上發生的根本性變化，是我們即將要面臨的未來。

　　未來學家雷・庫茲威爾設立的奇點大學（Singularity University）也是微型大學，2008 年由 Google 和 NASA 等投資創立，未來學、人工智慧、機器人、遺傳工程、奈米技術、能源、太空工程等領域的專家以教授身分參與其中。奇點大學設在 NASA AMES 研究園區內，每年 6 ～ 8 月開課十週，接受世界各地的報名。奇點大學的創校目的，在於「運用爆發性成長的未來技術，賦予領導者靈感和力量，以解決人類面臨的重大挑戰」，授課範圍從太空工程到環境、氣候變遷、能源、貧困等人類面臨的問題；事實上，解決問題就是一項研究和商業，有助於更具體地展望未來。

　　此外，學生只要有自己的專業領域，也可以舉辦研討會和講座。在自由授課的同時，還可以進行討論，並實際前往相關公司或研究所拜訪交流。校內的教學方式不是教授單方面講課，而是和擁有各領域專業的學生一起解決問題。

　　像奇點大學這樣的微型大學，也可以在韓國的板橋、光化門或大田等地加以創立。**技術不斷進化，未來離我們愈來愈近，這是所有人都要面對的課題。親自尋找、學習尚未開發的部分，而不是一昧承襲前人找出的答案，這樣的教育在未來需求會更高。**脫離垂直教學的師生關係，追求水平互補的學習，這才是職業學生應該具備的態度。不必仰賴他人敦促，也不是單方面地吸收，**身為學生，但握有學習的主導權──這就是真正的職業學生。**

Part 3

對職業學生來說，
職業＆職場是什麼？

你現在是怎麼工作的？

「查詢最近一年勞動部發送的所有掛號郵件明細，然後列印下來歸檔。」這是2018年大邱地方僱傭勞動廳安東分部的主管，對某位替代役下達的指令。在郵局網站上輸入13位數的編號，確認明細後再一一列印出來，這樣的動作雖然單純且重複，但一年內寄出的掛號郵件超過了3900封。處理這項工作需要多長時間？如果只是一次次反覆輸入、查詢的話，大概需要耗時好幾個月。然而，接到指令的替代役不到一天就完成了工作，他用程式語言Python製作了網路爬蟲（一種用來自動瀏覽全球資訊網的網路機器人），早上便讓它開始工作，等到中午用完餐回來時，網路爬蟲已經替自己結束了單純又反覆的檢索。

從初學者到專家，以程式語言來說，Python的使用者非常廣，它不僅適用於全球IT企業，可以拿來進行網路開發，還廣泛運用在數據分析和機器學習等方面。Python的語法簡潔，結構表現與人類的思考模式相近，就算不是專業人士也能夠輕鬆上手。而網路爬蟲則是使用在搜尋引擎上的軟體，可自動搜尋各式各樣的資訊並進行檢索，透過

程式設計來取代人類單純且重複的動作。

　　在郵局網站上搜尋符合條件的掛號郵件、製作網路爬蟲的過程中，每當碰到技術上的問題，這名替代役就會透過 Google 詢問並加以解決。雖然沒有做過類似的工作，但是他透過 Google 網站與他人共享經驗，最終完成了任務。該程式設計屬於公開資源，借助 Google 的部分他也是靠自己處理，沒有另外投入任何預算。

　　事後，他在自己的 Brunch* 帳號上寫了一篇〈利用網路爬蟲自動整理掛號郵件〉，一時間蔚為話題，不僅在線上開發者之間廣為流傳，在公務員界也備受矚目。後來，這名替代役還被邀請到青瓦臺，成了鎂光燈下的焦點人物，因為他的工作方式和韓國社會要求公務員改變的趨勢吻合。服役期間，他為多數的政府機關擔任技術諮詢，並在政府參與的會議上進行演講，做出的貢獻得到行政安全部認可，獲頒「政府革新功績獎」，還撰寫了《程式設計代行的公益》一書。這名於 2018 年 6 月到 2020 年 4 月服役的替代役，就是在 KAIST 生物及腦科學系取得學士及碩士學位

---

* 　韓國一個供人發表自己文章的網站，主旨為「一個讓寫作變成藝術的空間」。

的潘炳賢（Ban Byung Hyun）。

從這個案例你領悟到什麼？「果然KAIST聰明的孩子就是不一樣啊！」還是「擅長程式設計，能在很多地方派上用場！」又或者是「去當兵也能取得這樣的成果，真是厲害呢！」

其實，在這個案例中，最重要的是當事人從來沒有接觸過類似工作，但卻利用Google搜尋了未知的領域，吸收他人經驗來解決問題。**如今的時代，不是只能仰賴自己學過的專業，如果有不熟悉的事物，就要一邊學習一邊應用，這就是職業學生的核心。**

過去那段期間，就讀KAIST或是畢業後在政府機關擔任替代役的人多不勝數，大部分也都接收到了單純且重複的業務指令，但是他們幾乎都選擇順應趨勢，按照習慣的方式處理。在上述案例中，雖然當事者沒有做過類似的工作，可是他認為自己可以做到，於是選擇放手一試。

知識的半衰期愈來愈短，以後類似的情況只會加劇，不能再光靠學過的事物維持生活。必須懂得活到老學到老，勇於接收新知在未來將不再是優勢，而是所有人必備的基本素質。為了因應時代變化以及即將到來的奇點，這

是我們應該抱持的最佳態度。

此外，在前述案例中有個不容忽視的嚴重問題，那就是「依然有很多人會交派單純且反覆的工作給下屬」。這種業務內容不像是2018年會出現的，反而比較像1998年會使用的做事方法。就算是在20年前下達相同的指令，員工們也定會暗地裡抱怨不斷重複的動作十分荒謬。之所以會有這樣的情形，就在於身為主管的公務員們對程式語言或程式設計一竅不通；換句話說，他們不認為公務員的工作和程式設計有任何關聯。

現在的世界沒有電腦就什麼也做不了，從很久以前開始就是這樣。儘管如此，在改變工作模式時，卻依然對程式語言和程式設計態度消極。撇開消極的態度不談，應該說是對該領域一無所知。平常雖然使用電腦工作，但實際上不瞭解電腦和數位流程，因為覺得就算不懂也不會影響作業，這種環境本身就是對業務效率化漠不關心或消極的佐證。**我們要經常選擇更好的答案，而不是自己熟悉的解答——這就是進化，就是成長。**

不僅僅是公務員，在國營企業甚至民間企業，都還存有這種單純的重複性業務，長期在職場工作的上班族反倒

熟悉了這種慣性，很少去思考其他的應對方法，就只是按照前人的模式處理。而20歲出頭的替代役雖然處於嚴格的服役期，但面對公務員的工作他沒有承襲舊制，而是採用生產率更高、更有效率的方式解決問題：以機器人流程自動化（Robotic Process Automation，RPA）來處理單純的行政業務。RPA適用於單純反覆及定型化的工作，是指用機器人軟體自動化的技術處理需要人力反覆作業的單純業務。例如登入公司系統，下載數據後填入特定格式的報告書中，這樣的工作就可以由機器人代替。將機器人流程自動化應用到業務上，如今已漸漸成為常態。

RPA正對你造成威脅嗎？

LG電子從2018年1月開始，在營業、行銷、採購、會計、人事等內勤部門導入RPA，至2020年末為止，有大約950個業務套用了此技術。如果將機器人軟體處理的業務量換算成人類的工作量，每個月超過2萬小時，亦即一年超過24萬小時。LG電子從2018年2月底起，以內勤部門為對象實施一週40小時工作制，若每年的工作時間以

1800小時（公休日、休假除外）計算，大約可以替代133名的人力。此外，以2019年為基準，LG電子的平均年薪為8300萬韓元（約187萬新臺幣），如果以勞動時間來計算RPA的業務量和估算費用的話，幾乎達到了110億韓元（約2.47億新臺幣）。將RPA運用在工作上，藉此節省時間、增加生產效率的職員至少有數千名，若詳細計算他們的人事成本，總結出來的金額會更大。

LG電子表示，擴大使用RPA的用意在於減少數據查詢和整理所需的時間，讓員工們能夠專注在問題分析和解決等更有價值的事情上。**比起裁員減少人力，提高生產效益和工作效率才是主要目的。不過，從長遠來看，也不能排除有裁員的效果**，因為RPA的適用範圍和工作量將繼續增加，人員減縮的程度可能會比先前提到的數值更大。

LG生活健康在2020年2月完成了「R」主管的人事登記，正式將它納為同事，不過R其實不是人類，而是機器人。LG在營業、會計、行銷等內勤職務上引進名為「R」主管的RPA系統，執行249種業務，約略是237名員工每年投入3萬9000個小時所做的工作。

以2019年為準，LG生活健康的平均年薪為6300萬韓

元（約142萬新臺幣），237名員工的薪資就高達149億韓元（約3.35億新臺幣）。當然，RPA並不是完全替代237人一整年的工作時間，只是代為執行業務內容中單純且重複的動作，因此實際節省的人事成本會低於149億韓元。從物理上來看，如果將3萬9000個小時換算為每年1800小時的工作時間，大約等於22名員工左右，亦即節省了14億韓元（約3148萬新臺幣）的費用。不過，隨著RPA業務範圍的擴大，節省人事成本的效果必然愈來愈顯著。

RPA最大的目的在於提高生產效益和工作效率，LG生活健康主要運用在業績報告、銷售及訂單處理等手動作業較多的領域，讓營業部的職員不再重複單純的工作，可以把精力更加集中在原本的銷售角色上。這樣的做法，將對提高業績有直接的助益。

以2020年9月為基準，LG生活健康的員工數約為4450名，將來即使銷售額上升，員工數也不會相對增加，反而還有可能減少。2018年LG生活健康的職員數為4512名，2020年9月則為4449名，減少了63人。相反地，2018年的銷售額為6兆7475億韓元（約1518億新臺幣），營業利潤為1兆393億韓元（約234億新臺幣）；2019年的銷售額為7兆

6854億韓元（約1729億新臺幣），營業利潤為1兆1764億韓元（約265億新臺幣）；2020年的預期銷售額為7兆7736億韓元（約1749億新臺幣），預期營業利潤為1兆2372億元（約278億新臺幣）。2020年雖然受到新冠病毒大流行影響，但是銷售額和營業利潤都有所增加。

可以肯定的是，即使業績增加，人力也沒有必要按比例擴增。隨著RPA應用的擴大，人力就算減少也不會出現問題。假設裁減10%的人力，但業務方面的生產效益仍然相同的話，節省440名人力成本就高達277億韓元（約6.23億新臺幣）。前面曾提到LG電子在韓國國內的員工人數為4萬人，因此，只要裁減10%，就能省下約3320億韓元（約74.69億新臺幣）。

三星電子在2019年已經將RPA活用在1000多個業務上，目前仍繼續擴大當中。三星電子在韓國國內的員工數約為10萬名，如果減少其中的10%，以平均年薪超過1億韓元（約224萬新臺幣）來算，光人事成本就可以省下1兆韓元（約224億新臺幣）。當然，這種裁員方式只是種假設，希望不要誤會。不過，我們難以保證未來不會發生類似的情形，機器、機器人和自動化將持續替代人力，這點是相當明

確的，且取代的速度會因新冠肺炎而進一步加快。

　　對RPA的導入表現最積極的是金融業，換句話說，裁員現象最明顯的產業就是金融業。特別是銀行以新冠疫情為契機，正在加快數位化的速度。根據韓國金融監督院金融統計資料系統顯示，韓國國內銀行的分行數量從2015年的7281間，至2020年6月底減少到了6592間，據點減少意味著人力縮減，日後分行的數量也會再大幅降低。我

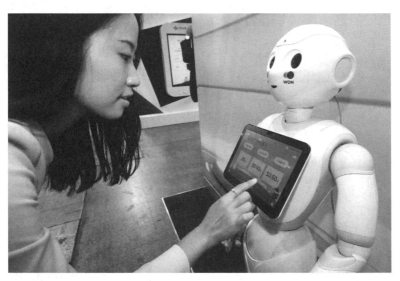

向AI（人工智慧）機器人諮詢金融商品。「金融是必要的，但不一定是銀行」，比爾・蓋茲的預言已經成為現實。（出處：韓聯社）

們目前已經在不與行員直接接觸、數位化的環境下使用銀行服務，而且自從新冠病毒開始流行後，人們更少踏入銀行，使用現金的情況也少了許多。

　　韓國六間商業銀行（KB國民、新韓、友利、韓亞、SC第一、韓國花旗）的員工數從2016年的7萬4106名，減少到2019年的6萬7781名，三年間縮減了1萬名左右。2020年韓國銀行界的組織調整風暴猛烈，2021年這樣的情形也將持續。韓亞銀行和NH農協銀行在2020年下半年，已經將1980年出生的人也列入了優退方案（提早退休）的名單中，被上一代認為是「穩定職場」的銀行業，如今滿40歲就已成為優退的對象。過去以實體據點為經營基礎的銀行，直到完全轉向數位化為止，類似的人員縮減都還會不斷持續。我們幾乎可以這麼說：全球有90%的大企業都在運用RPA。

　　英國勞動年金部也在年金申請或業務處理方面採用了RPA，提高案件處理的速度和效率，而美國NASA也在單純或重複的業務工作上導入RPA，並且取得了一定的成果。韓國的國民年金署、公務員年金署等機關，也在契約費用結算、餘額、買賣和手續費明細、會議資料與利率方

案自動生成等主要業務上，引進了RPA系統。

　　韓國的自來水公司、電力公司等，也正在再生能源結算業務（抄表登記、稅金結算、繳款通知）、費用折扣適用對象等方面使用RPA。不論是國內或國外，公家機關皆已積極地利用機器人流程自動化，儼然成為了主流趨勢。未來RPA的使用範圍將逐漸擴大，就連公務人員也必須懂得操作。機器人流程自動化之所以難以抗拒，原因就在於它能提高生產效益和工作效率。

　　白領階級的工作崗位被替代的日子已漸漸來臨。製造業則是從很久之前就遭到機器人和智慧製造衝擊，而服務業也因為受新冠疫情影響，職位開始一步步被服務型機器人取代。

　　至於專業型的職位，例如醫師、藥劑師、律師、教授、會計師等，從數年前開始也已積極展開技術替代或輔助系統的模擬。不過，專業人士通常在社會上具有影響力，並且擁有一定的人脈和財力，因此與製造業、服務業或是白領階級相比，還得以再堅持一段時間不被機器人和自動化取代。然而，這樣的抵抗仍會抵達臨界點，因為變化的腳步難以阻擋。

　　無論是專業職、製造業、白領階級或是服務業，只要缺乏獨特的定位或不可替代性，未來的工作崗位就難以受到保障。雖然很悲哀，但這就是我們即將迎來的世界。

　　「金融是必要的，但不一定是銀行」，這是比爾・蓋茲在1994年做出的預測。如今他的預言已成為了現實，銀行窗口逐漸面臨撤除的命運。Facebook的CEO馬克・祖克柏在2020年1月發表的2030年展望時表示：「到2030年之前，將會發展AR／VR技術並達成商用化，透過AR／VR的技術，員工可以在全世界任何一個地方進行遠端工作，而大城市的人口增加和住宅危機也將因此獲得緩解。」

　　這也會影響工作方式和工作崗位的變化。技術變化會引起產業變化，接著造成職缺的改變。假如工作崗位因為RPA而受到影響，說實在的就是能力不足。失業雖然讓人感到同情，但如果不懂得因應趨勢，只是不斷埋怨的話，生活也不會變得更好。如今的時代，RPA可以取代單純、反覆的業務，只有真正具備實力的人才得以生存。上班族的競爭力，一定要和以前有所區別。

自動化和遠距外包已成為趨勢

2016年，在美國社群網站Reddit上，帳號「FiletOfFish1066」的發文成了熱門話題。該名用戶表示，自己在七年前進入某公司，上班時間完全不工作只顧著玩，結果時隔六年才被揭穿並解僱。六年來公司沒有人察覺他的工作狀態，這點著實令人吃驚，而且本人還厚顏無恥地把自己的行為當成功績宣揚，這點更讓人覺得了不起，雖然最後他還是刪除了個人帳號和貼文。

這名用戶曾提到自己待的公司「位於灣區，是令人難以置信的知名科技公司」（'incredibly well known' Tech Company in the Bay Area），涵蓋了舊金山和矽谷等地的灣區，有許多類似Google、蘋果、Facebook、推特、雅虎等著名的IT企業，他任職的公司很可能就是上述企業之一。當事人負責的工作是測試其他開發者設計的程式，但是他利用自動化系統把自己負責的業務都交給了電腦，進公司八個月後，他就再也沒有做過任何工作。雖然他明目張膽地在辦公室玩線上遊戲，不過因為在職場上沒有朋友，所以沒有人會和他搭話，也從未察覺他

一整天都在公司玩樂。

　　長期下來，身為程式設計師的他，甚至大言不慚地形容自己「早已忘了怎麼寫程式」。在職期間，他的平均年薪為9萬5000美元，換算成韓幣約為1億1000萬韓元（約247萬新臺幣），等於七年間不費吹灰之力地賺了8億。且令人感到無語的是，在這段邊玩邊白領月薪的期間，他沒有抓緊機會做些具有生產效益的事，而是登入Reddit聊天或是玩線上遊戲。這個人真的太過惡劣，日後在其他地方或許會很難找到工作。

　　不過，我之所以提到這個案例，不是為了強調這名上班族有多讓人心寒和厭惡。雖然該自動化系統也牽涉到業務成果，但是，如果自動化可以取代人力的話，那麼就企業的角度來看，其實可以減少相應的人事成本。

　　2013年，美國一家IT企業的開發人員，曾經將自己負責的業務遠距外包給位在中國的開發商，而自己就在公司成天無所事事地玩樂。這位年薪10萬美金、45歲的開發人員，把自己接收到的工作外發給中國瀋陽的一間開發業者，酬勞僅為自己年薪的五分之一。此外，這名開發人員還接了其他公司的案子，並且以同樣的方式處理。也就是

說，他接了好幾間公司的工作，然後分別外包給位於中國的業者。年薪 10 萬美元再加上承攬的其他案件，相當於每年賺了數十萬美元。

只要利用 VPN 系統，即使人不在公司也可以連進公司內部網路，因此位於中國瀋陽的開發業者能夠每天代替這名職員處理工作，根本就是現代版的田螺姑娘。而這名開發人員也是在公司邊吃邊玩，登入 Reddit 聊天、上網購物或是玩遊戲。不過，這個案例的重點也不在於上班族有多惡劣，而是透過遠距外包，中國的開發業者可以即時處理美國公司的業務。以企業的角度來看，委外的方式可以減少相應的人事成本。

以上這兩個案例，可能會讓上班族感到有些排斥，因為這不只是極少數人的惡劣行為而已，惡意濫用數位工作環境的他們，顯示出我們正處於變化的過渡期。如今的時代，業務內容可以被自動化程序和機器人取代，以及在全世界的任何一個地方，都可以透過網路以更低廉的酬勞把工作外包，這些都將成為影響職位穩定性的要素。而且這兩個案例，其實都是發生在數年前。也就是說，自動化和遠距外包已經在公司占領了相當多的工作項目，我們必須

比自動化更具有優勢，比遠距離承攬外包工作的人能力更強，才得以繼續維持自己的工作崗位。

如果你現在正身為上班族，那麼就冷靜地問問自己：我的職業被機器人取代的機率是多少？假如你的工作不需要獨創性的解決方案，就像按照操作手冊執行般單純、反覆，而且不必與他人互助合作，可以在狹小的空間裡辦公，不要求協商能力的話，那麼就應該對未來感到不安。如果你的業務內容可以用演算法和程式來解決或創造，就要承擔未來可能會失業的風險。

步驟指的是解決問題時一系列的既定方針，倘若將其設計為程式語言，就會成為所謂的「演算法」（Algorithm）。可以進行演算法化，亦即可以用程式來理解或處理的工作，就很可能會被電腦取代。在公司的業務內容當中，有很多項目是要按步驟執行的；換句話說，站在現有勞工或未來求職者的立場，對於人工智慧取代工作崗位一事可能會相當敏感。

有一個簡單的測驗，可以得知自己的工作被機器人取代的機率是多少。由牛津大學馬丁學院研究團隊開發的這項測驗，設計出以下四個基準來判斷工作自動化的可能性：

第一，是否需要獨創性的解決方案？

第二，是否需要支援他人？

第三，有可能被配置在狹小的空間內嗎？

第四，工作內容是否需要協商能力？

在工作上愈是需要獨創性解決方案、對他人提供協助（即與他人互助合作）或進行協商（需要與他人合作、判斷和溝通），就愈難被自動化代替。被安排在狹窄的空間裡，等於是在一定的動線上工作，因此也較容易用機器人來取代。讓我們重新回想一下，在 Part 2 中曾經提到過未來社會必備的核心能力 4C：創造力、溝通、批判性思維和合作。這四種能力，恰巧符合職業替代可能性測試裡的其中三項，也就是說，**未來教育的方向在於培養不會被機器人取代的人才。**

牛津馬丁學院的卡爾·弗瑞教授以及麥可·奧斯本教授在《就業的未來》中指出：目前有47%的職業，在未來20年內極有可能會消失。這項研究以702個職業為對象，預測了在電腦化和機械化的環境下，人類的工作崗位有多大的機率會被電腦或機器人等替代。以下是20年內最有可

能被取代的20個高危險群職業：

	20年內最有可能被機器人取代的 20個高危險群職業	被機器人取代的機率
1	電話行銷人員（Telemarketers）	99%
2	稅務代理人（Tax Preparers）	98.7%
3	時間調節器裝配工及調整人員（Timing-device Assemblers and Adjusters）	98.5%
4	貸款業務員（Loan Officers）	98.4%
5	銀行職員（Tellers）	98.3%
6	體育裁判（Umpires and Referees）	98.3%
7	負責交貨和採購的職員（Procurement Clerks）	98%
8	產品包裝搬運之操作人員（Packaging and Filling-machine Operators and Tenders）	98%
9	銑床及刨床之操作管理人員（Milling and Planing Machine Setters, Operators, and Tenders）	97.9%
10	信用分析師（Credit Analysts）	97.9%
11	司機（Drivers）	97.8%
12	時裝模特兒（Fashion Models）	97.6%
13	法律事務所秘書（Legal Secretaries）	97.6%
14	簿計人員（Bookkeepers）	97.6%

20年內最有可能被機器人取代的 20個高危險群職業		被機器人 取代 的機率
15	收銀員（Cashiers）	97.1%
16	原料研磨加工人員（Grinding and Polishing Workers）	97%
17	餐廳廚師（Restaurant Cooks）	96.3%
18	寶石加工研磨人員（Jewelers and Precious Stone and Metal Workers）	95.5%
19	郵政工作人員（Postal Service Workers）	95.4%
20	電器電子製品組裝人員（Electrical and Electronic Equipment Assemblers）	95.1%

（出處：牛津大學馬丁學院）

　　替代率高的職業，其共通點在於定型化、反覆的工作內容，而需要創意性、判斷力，或者必須直接與人溝通以解決問題的角色，替代率就相對較低。即便如此，我們還是不能掉以輕心。就像面臨危機的職業並不會完全消失，而是從業人員大幅減少一樣，能夠生存下來的職業，職缺數也不一定會穩定地維持。切記，機器人取代工作崗位的問題已經成為了現實，也是我們所有人都要面對

的課題。

　　19世紀第一次工業革命時，曾經發生過「盧德運動」（Luddite Movement）。由於新技術會造成工作崗位消失，人們對此深感恐懼，於是就用破壞生產設備或罷工的方式來抵抗。以現今的角度來看，這樣的抗爭相當無理，但當時很多人認為這是最好的方式。不過，工業革命所帶來的大量生產，以及隨之而來的費用減省、大量僱傭等，再次提高了勞工的生活水準和其子女的教育水平，形成良性的循環結構。

　　如今，勞工們也擔心第四次工業革命會導致工作崗位消失，但即便如此，現在也難以再發起盧德運動。不，是根本無法號召。因為我們長期都生活在以科技為中心的社會裡，就連日常生活也早就轉變為以科技為中心。也就是說，我們完全沒有辦法抵抗。不管是否願意，這都是無法抗拒的未來，而且進化所帶來的成果，也極有可能被少數資本家和技術菁英獨占。雖然在政治方面會力求消弭兩極化並擴大福利，但貧富差距持續擴大的可能性非常高。

　　對於個人而言，成為具備競爭力的少數菁英將是首要課題。倘若不這麼做，就必須得另謀退路，但是，我們的

首要目標其實相當明確——培養競爭力，長久地守住自身職位，並將子女培養成在未來能夠確保工作的技術菁英。「保障退休年齡」這個詞在現今的時代中漸漸消失，連公務員也不一定能順利工作到退休。最終，我們即將迎來只有實力者方能生存的時代。

我們是隊友，不是家人

「我們是隊友，不是家人」，這句話簡單明瞭地指出Netflix的組織文化。大家聚集在公司的目的是為了工作，比起年齡和資歷，更重要的是誰具備優秀的實力。這樣的工作方式，近似於職業棒球隊不按照年齡或資歷來評價選手，只要實力出眾，新秀也有機會晉升王牌。韓國的組織文化忠於年齡排行，亦即所謂的「長幼有序」，因此一直以來都把「家人」兩個字掛在嘴邊，過去也曾有過基於團結感而彼此照顧、支持或提拔的時期。當然，那時是終身僱傭制的年代，如今的組織反倒追求鬆散的連帶關係，不被情義牽著鼻子走，而是冷靜、公正地做出評價。

矽谷的IT公司是全球性的企業，年薪和福利也很優

渥，這些地方被稱為「夢想中的職場」，但公司員工們卻都不會久待。Facebook的平均年資為2.5年，特斯拉為2.1年，Netflix為3.1年，Airbnb為2.6年，Uber為1.8年，Google母公司Alphabet為3.2年，蘋果則稍長一些為5年。其實，這些企業的福利和待遇相當好，例如Netflix沒有休假上限，Google提供24小時免費餐點，Facebook還有衣物洗滌和乾洗服務，年薪和員工認股等金錢方面的福利也很可觀。不過，即使有如此吸引人的條件，員工一般也不會待太久，因為矽谷的企業對成果評價相當客觀，業績壓力、責任和勞動強度都很大。這些企業不強調員工們的團結，而是希望彼此的關係建立在各自的需求上。雖然連結感較為鬆散，但這樣的關係最為合理。

　　近來，採取「敏捷式」*（Agile）工作流程的韓國企業愈來愈多，也有不少公司開始加強扁平化管理。這種變化趨勢，追求的也是同事之間不該像家人一樣，應如同陌生人般客觀且界線分明。眾人聚集在職場的目的不是為了聯誼，而是讓企業能夠有所成長。此外，產業環境也發生很

---

* 意指為了因應市場的急遽變化，採取快速、靈活的方式經營組織。

大的變化，不能再像過去一樣強調團隊感。沒有一間企業會從員工報到後就一直關照他到退休，因為職場不過是擁有相同目標之人的聯合罷了。這種連帶關係只是暫時的，並不會永遠持續。而上班族對工會的看法也必然有所改變，對千禧一代的勞工來說，看待工會的角度絕不可能和老一輩相同。工會地位的弱化與上述的趨勢不無關聯。

　　韓國企業嘗試扁平化管理已有20年左右，雖然花費了很長的時間，但距離真正的目標仍有一段距離。因為韓國人長期在垂直階級結構、以年齡和年資為中心的文化裡工作和生活，所以改變起來並不容易。但值得注目的是，韓國的主要企業們不斷在追求水平化與敏捷式組織，並且在疫情期間透過遠距辦公的擴大，取得了長足的進展。慣性的高牆正一步步開始倒塌。

　　過去以IT企業為首，在媒體、時尚、美容、食品、流通等業界破壞階級制度，擴散水平化的概念，如今，一直保持著垂直、保守型組織文化的造船、鋼鐵、煉油等重工業，也開始接受所謂的扁平化管理。現代重工業自2020年12月起，將部長、次長、科長等職位合併為責任工程師，大宇造船海洋也跟進這樣的做法，煉油公司SK Innovation

甚至自2021年開始，從一般職員到部長都使用「專業經理」（Professional Manager）作為職稱。也就是說，無論在職的資歷是1年還是20年，在成為高階主管之前，所有人的職級皆相同，徹底實現扁平化管理模式。

不再重視年薪或階級，企業選擇把重心放在角色和能力上的理由只有一個，因為以成果和能力為主的經營方針，對提升企業競爭力更有利。當然，單憑更換稱呼或取消職稱是沒有用的，必須拋棄過往的「相對評價」、擴大「絕對評價」，用透明且客觀的方式檢視業績。可以肯定的是，今後韓國企業不會再以「同事之間的關係像家人」為傲，健全的公司會迎合「工作與生活平衡」的時代氛圍，並懂得因應急速變化的商業環境。

上班族必須接納像職業運動員一樣的企業文化：如果有能力，年薪就會跟著提高；相反地，如果實力退步，就算是主力選手也會立刻淪為候補。美國體育界年薪最高的球員之一，紐約洋基隊投手格里特‧柯爾（Gerrit Cole），是2011年美國職棒大聯盟（Major League Baseball， MLB）排名第一的新秀。假如不太懂棒球，可以理解為大學升學考試全國第一名，或者是國際大企業的首席錄取者。格里

特·柯爾是所有MLB球隊當年最嚮往的明日之星，在美國
職棒大聯盟出道後，也以最佳成績成爲史上年薪最高的球
員。

那麼，在歷屆選秀中排名第一的球員，全都取得了亮
眼的成績嗎？我試著查找1965～2013年MLB選秀獲得全
體第一的47名選手，並確認他們在MLB的成績。2014～
2019年的新秀，不是正在小聯盟累積經驗，就是在大聯盟
出道後還處於職業生涯的初期，以此來判斷他們是成功或
失敗仍為時過早，這裡暫且撤除不談。

令人驚訝的是，歷屆獲得第一名的新秀當中，有三
名未能進入美國職棒大聯盟，另外有15名選手雖然順利
出道，但成績普通或是低於平均水準，很快就消失在球場
上。在47名選手當中，約有38%的人（18名）頂著狀元光
環，最後卻留下黯然失色的成績，表現得中規中矩的人占
了17%，亦即有一半以上的選手沒有達到期望值。此外，
以明星級選手身分活躍的情況占26%，像格里特·柯爾這
樣改變聯賽版圖的超級明星球員只有19%。亦即就算獲得
新秀狀元，如果實力未能繼續發展，拿不出優秀的成績，
就無法在球壇中生存下去。

　　專業就是能力，能力就等於金錢。根據實力的不同，球員有時會自行轉隊，有時則是被迫離開，所有的一切都只講求能力。即使是最優秀的菁英，未來也不會自動獲得保障，這就是職業運動。同理可證，在一般職場上，首爾大學甚至是哈佛大學的文憑，也漸漸不再能保障順遂的未來，只有仰賴實力才能確保一切無虞。未來子女進入職場的時候，類似的情況將更加明顯。

無論是兼差或斜槓，有能力就一定要做！

　　在美國，很多教授或律師會在非上班時段擔任Uber司機，或者上班族會在下班之後，將家裡的空間作為Airbnb租出去賺錢。這樣的形式，其實就等於兼第二份、第三份工作。過去一般上班族的收入就只有從公司領到的月薪，但隨著人們以打工的方式兼差，額外的收入將會增加，有時甚至還可以賺得比月薪更多。零工工作者（Gig Worker）之所以能夠盛行，是因為共享經濟的緣故。換句話說，共享經濟迎來了所謂的「零工經濟」（Gig Economy）。

　　DoorDash創立於2013年，是美國最大的美食外送

App；Airbnb創立於2008年，是世界最大的住宿共享服務平臺。這兩間公司有幾個共同點：第一，2020年12月在紐約證券交易所（NYSE）上市。DoorDash的IPO公開發行價為102美元（以公開發行價為基準，市價總額為390億美元），上市第一天漲了86%，以12月底為基準，市價總額達到500億美元左右。Airbnb的IPO公開發行價為68美元（以公開發行價為基準，市價總額為500億美元），上市第一天漲了112.8%，以12月底為基準，市價總額接近1000億美元。兩間公司都成功地上市，並且發展順利。第二，DoorDash和Airbnb都是零工經濟的代表。在DoorDash平臺上接單外送的人，以及在Airbnb上對外租借房子者，都不是這兩間公司正式聘請的員工，嚴格來說只是具有契約關係的自由工作者。

在零工經濟中不可忽略的公司還有Uber，乘車共享服務的代名詞Uber成立於2010年，2019年5月在NYSE上市。Uber的IPO公開發行價自41美元起跳，在新冠疫情大流行後的2020年3月，股價跌至21美元，但在同年12月突破了50美元。以12月底為基準，市價總額接近1000億美元。與傳統企業相比，DoorDash、Airbnb、Uber的市價

　　總額都非常高，這反映了它們的未來價值。橫跨共享經濟與零工經濟，此領域日後將會更進一步擴大。

　　在韓國，也有一些上班族會利用下班時間兼職外送人員。在韓國外送服務平臺「外送的民族」裡，有「外送的民族Connect」這樣的兼職選項，只要是滿18歲以上的成年人，就可以自行選擇打算接單的日期和時段。與專門從事外送服務的人不同，外送的民族Connect主要提供給偶爾想打點零工的自營工作者，但據說實際接單的人有不少是上班族。

　　外送的民族Connect在500公尺以內的基本運費為3000韓元（約67元新臺幣），500公尺至1.5公里為3500韓元（約78元新臺幣），超過1.5公里時，每500公尺增加500韓元（約11元新臺幣）。若在上下班的路上或午餐時間，每天就近接一筆外送訂單，一個月做20天就多了6～7萬韓元（約1341～1565新臺幣）的收入；如果每天跑兩筆外送，20天大約能賺12～14萬韓元（約2683～3130新臺幣）。隨著件數和天數增加，收入就會跟著上升。雖然這樣的金額並不算高，但可以當作業餘時間的消遣和運動，順便賺點零用錢。以2019年12月為基準，透過外送

在上下班的路上或午餐時間接單外送。不是以週或月為單位，而是以「小時」來計算勞動工資的「零工」（Gig），漸漸成為共享經濟時代的僱傭趨勢。（出處：外送的民族 Connect 網頁）

的民族 Connect 接單的人大約有 1 萬名，2020 年 5 月則突破了 5 萬名。

　　韓國連鎖便利商店 GS25 於 2020 年 8 月推出了徒步外送服務「我們社區 Delivery」，以 12 月為基準，加入外送兼職的人超過了 4.5 萬名。徒步外送商品到鄰近自家的區域，採取兼職而非固定的方式，可以只在自己選擇的時段內工作。此外，電商 Coupang 也有自由指定時間接單外送的「Coupang Flex」，每天平均有 1 萬人使用這項服務打工，可以稱之為「零工工作者」。

　　「Gig」這個詞是源於 1920 年代美國爵士樂演出場，

根據需求，以一個晚上或一次性合約短期邀請演奏者進行演出。辭典中Gig這個單字，同時含有演出或臨時工之意。長期聘用演奏者實際上並不容易，因此雇主採用一次性的僱傭方式，與凌晨的勞動市場每天根據需求聘僱人力的做法類似。兩者的差別只在於擁有的才能和擔綱的角色不同，一次性短期合約這點是相同的。

如今「零工」在僱傭方面成了重要的議題，在共享經濟的商業聘僱制度中，有很多是採取零工的方式。過去認為零工是基於藝術家的特性才存在，這種短期合約在現實中被認為是不穩定的工作。不過，隨著共享經濟成為趨勢、智慧型手機把人與人緊密地連結在一起，不再以週或月為單位，改以「小時」來計算勞動工資的方式變得更為順暢，不少人也開始認為這種制度更有效率。

不管願不願意，允許員工兼差在全世界呈現擴大的趨勢，在終身職場消失的時代，不能再限制某個人所扮演的社會角色。高齡化和低生育率加劇，導致勞動人口減少，且產業結構的改變也讓工作型態逐漸產生變化。早晨9點上班、傍晚6點下班的工作制度（八小時工作制）正在瓦解，遠距辦公和零工僱傭的方式逐漸擴散。在如今的時

代，允許兼差也成為了一種新文化。**容許兼職和經營副業已為大勢所趨，也是正職終結的前奏。並非只有終身僱傭制消失，而是勞動環境的本質正在改變，這也是產業結構改變所造成的影響。**

日本的大企業鼓勵員工兼職，如果說允許兼差是消極的態度，那麼獎勵就是更加積極的型態。2019 年 5 月，《日本經濟新聞》針對在日本證券交易所一部上市的 120 間企業，進行了「是否允許經營副業」的問卷調查，根據統計結果顯示，有 50% 的企業容許員工經營副業。如果加上正在研議中的企業，120 間中一共有 94 間，占全體的 78%。《日本經濟新聞》在 2018 年 3 月以 100 間企業為對象進行相同調查時，允許員工經營副業的公司僅占 31.5%，增加幅度相當明顯。

在日本正式允許員工經營副業的是 IT 企業，2017 年 11 月，軟銀（Soft Bank）首開先例，接著日本雅虎也同意員工在非競爭關係的公司裡兼職。隨著人力資源公司瑞可利（Recruit Holdings）、樂敦製藥等企業紛紛響應，有愈來愈多大企業挺身參與，自 2019 年下半年開始，日本三大綜合金融公司之一的瑞穗金融集團（Mizuho Financial

Group），亦允許旗下6萬名銀行及信託銀行的員工兼職。只要不因為銀行職員的身分與客戶產生利益衝突，或者造成機密資料外洩等，公司就同意員工可以兼差。也就是說，員工可以一邊在銀行上班，一邊自行創業或者加入新創公司，也可以在其他大企業的財務或經營部門工作。為了防止員工因為兼職而過勞，瑞穗金融集團正在摸索如何讓員工於一週五天的工作日裡分兩頭上班。例如週一至週三在銀行工作、週四和週五則到新創公司上班，週末則按照個人意願做自己想做的事。

　　企業為什麼會允許員工利用職務經驗來擴展工作經歷、增加收入呢？這點或許讓人感到訝異，但事實上，企業也可以從員工的兼職中獲利。**在終身僱傭、終身職場消失的時代，企業用人的靈活性尤其重要**，每間公司都希望能有效地聘請人才、辭退冗員。在允許員工兼職的情況下，公司即使突然裁員，員工也可以往其他領域發展，就雇主的立場而言負擔較輕。此外，不僅自家的員工會到他社上班，他社的人才也會過來兼職，在勞動力的活用上具有顯著的效果。

　　就銀行而言，隨著金融科技的崛起，現行銀行體系必

備的人力資源，很多可能在今後不再需要。相反地，為了金融科技的發展，銀行會需要許多IT界人才。在大量引進IT人才的同時，銀行還可以透過兼職的方式，讓任職於IT企業的人前來協助。換句話說，贊成員工兼職的企業，追求的是人才僱傭的靈活性，而產業的進化更加要求這一點。

日本政府甚至從2020年開始實施獎勵制度，鼓勵東京的上班族前往地方企業兼職或經營副業。東京的上班族如果與地方企業簽訂兼職合約，政府就會支付促成該合約的人力仲介公司100萬日圓（約22萬新臺幣），並向積極允許員工兼職的企業提供獎勵。日本政府鼓勵兼職與副業，藉此來引導大城市和地方之間的人力交流。

包括Google和Facebook在內的跨國企業，很多公司都有條件地允許員工經營副業。除了不能到競爭對手的公司上班之外，假如副業與工作職務沒有太大關聯，並且是利用業餘時間經營的話，公司就不會加以阻攔。韓國雖然大部分的企業禁止員工從事副業（只有在獲得允許的情況下可以），但這樣的氛圍逐漸在轉變。目前的趨勢已經允許員工兼任YouTuber，倘若進一步修訂有關人才僱傭的法律，企業開放員工兼職或經營副業的情況將持續擴散。

　　隨著零工經濟的擴大，專業自由工作者的短期勞動，已經成為了重要的僱傭方式。在韓國，企業培訓公司Hunet於2018年推出了短期聘僱大企業組長級人才及中小企業高階主管的人力銀行服務，使用人數每年都呈現快速成長的趨勢。短期活用已經退休的高級專業人才，這種方式也屬於所謂的零工經濟。

　　全球管理諮詢企業麥肯錫將零工定義為在數位市場成交的期間制勞動，如今零工既是共享經濟時代的僱傭趨勢，也是商業方式的根基。或許有人會反問，雖然美其名為零工，但是這和非正職員工、臨時工和約聘等有什麼不同？沒錯，基本上零工的確有其不穩定性。然而，**「正職」的概念勢必會隨著產業進化逐漸消失，未來只有能力強的人才得以生存**，且實力者和一般人之間的薪資差距、機會差異也必將趨於極端。雖然很遺憾，但現實就是如此。消弭遺憾是政府和政治的責任，我們不應該抱著期待安逸度日，集中精神提升個人實力才是最佳的應對之道。

你是大象，還是跳蚤？

　　世界知名經營管理學家查爾斯・韓第（Charles Handy）的著作《大象與跳蚤》（*The Elephant and the Flea*），將企業職場和自由工作者分別比喻為大象及跳蚤，闡述以自由工作者為中心的僱傭文化。他在2001年曾提出這樣的主張：我們不該依靠大規模的組織，而是要成為能獨當一面、發揮實力的人才。當然，那時積極接受他論點的人很少，就算對查爾斯・韓第提出的未來面貌深感共鳴，卻依然很難從大企業組織中脫離，接受自由工作者的生活。不過，隨著時間流逝，開始有人根據他的主張追求獨立。我們之所以長期待在同一間公司、買房定居，不是因為本能使然，而是基於當時的僱傭制度、生活方式和社會欲望。如今，人們不再期盼，而且現實中也不可能達成終身職場。

　　過去為了確保和維持穩定的勞動力，需要配置正職員工，這既是勞動者的需求，也是企業不可或缺的部分。雇主以平日整天上班為條件與勞工簽訂合約，並且按月支付工資。不過，現在的氛圍漸漸改變了，在僱傭市場上，自

由工作者比正職員工更受歡迎，零工經濟明顯地在整個產業占據了一席之地，這樣的結果反映出企業的取向。

　　過去一提到自由工作者，就會聯想到特定領域，像是寫作、設計、程式開發等等。但現在不論是哪個領域，都可以成為自由工作者，因為正職的概念逐漸褪色，甚至可以說正式職員僱傭面臨終結。

　　除了「自由工作者」這個稱呼，還會使用自營業者、零工工作者、一人企業等多樣的名稱。不是發展得好就叫做一人企業，發展欠佳就稱為自由工作者。所謂的「自由工作者」，指的是不侷限於同一職場，而是根據需求個別簽約的自由狀態。他們的自由也是風險最大的自由，因為如果能力不足，就會面臨致命的危機。由於每個人都可以接受短期的聘僱，可以說這種制度創造出更多的工作崗位；反之，也可以說這種制度造成大量廉價勞工出現，共享經濟的受惠者只有企業而已，勞動者的生計變得更加困難。

　　在僱傭市場上，正職員工會持續減少。傳統產業因為日漸衰退而裁減正職員工，新興產業則借助技術的進步降低人力需求。到頭來，不管我們願不願意，都得以自由工作者和零工工作者的身分生活，即便是能力出眾的人也一

樣。**當人工智慧和自動化替代了絕大部分的人力，最終勞動市場的組成就會是少數的正式職員和多數的自由工作者。**

事實上，這樣的趨勢早就已經成形，如今的時代，我們很難再夢想能被某人聘僱成為正式員工。要麼自己創業，要麼成為一人企業，到頭來，我們都必須以個人之力打造獨立的生存基礎。有能力的自由工作者，其實還可以比正職員工賺取到更多的收入。

北京大學國家發展研究院的教授薛兆豐，2017年12月時在中國的知識共享App「得到」上，開設了「薛兆豐的北京大學經濟學講座」，定期上傳個人演講影片。該頻道每年的訂閱費用為199人民幣（約888新臺幣），經過半年，2017年8月付費訂閱的人數超過17萬人，到了2018年3月，訂閱人數則是突破25萬人。以25萬人來計算，光訂閱的收入就高達5000萬人民幣（相當於2.23億新臺幣），薛兆豐一躍成為中國的網紅。法律經濟學和政治經濟學是他的研究領域，透過經濟學講座，他創造出十分可觀的收費內容市場。2018年，薛兆豐辭去了教授的職務，他選擇放棄穩定的正職，加入自由工作者的行列。在中國，有許多教授陸續成為網路上的意見領袖。

在如今的環境下，正職員工真的是最佳選擇嗎？自由工作者只會過得辛苦嗎？世界的改變，意味著我們必須重新思考自己的生活方式和對職業的觀點。正職占優勢，自由工作者處於劣勢的二分法，應該要從既有的印象中去除。**過去個人總是依靠著組織生活，但現在我們已經可以帶著自身價值，從組織中獨立出來。**

企業無法提供我們終身職場，在工作時最大限度地提高自身價值，無論對公司或對個人而言都相當有利。我們工作的目的不僅僅是為了公司，而是要最大程度地體現企業期待的能力，然後進一步提升個人價值。就像員工是企業的工具一樣，對個人來說，企業也是一種工具。說到底，自己聘請自己的一人企業，將成為未來不可或缺的選項之一。一人企業的核心不在於「一人」，而是所謂的「企業」。換句話說，重點不在於工作的人數，而是要像企業一般具備價值，賺取相應的收入，擁有個人的商品性。

職業的終結、正職的終結、勞動的終結等和工作相關的未來話題，其方向都是一致的。至今仍然有些人盲目地相信19世紀或20世紀的僱傭文化，選擇依賴大型職場的正式員工體制。他們無視時代的變化，安逸於過去的傳

統，而且認為那就是自己認知的全部，固執地堅守舊制。熟悉的事物、悠久的文化，放在未來也一定適用嗎？世界已然改變，如果還不能擺脫過去，會不會慘遭淘汰呢？

> 如果要明確指出一項受新冠病毒影響而消失的事物，那就是辦公室。上下班的形式被居家辦公取代，而且正進化為「在哪都可以工作」（work-from-anywhere）的型態。

這是倫敦商學院林達・葛瑞騰教授提出的觀點。她是《職場的未來》（*The Shift: The Future of Work Is Already Here*）與《100歲的人生戰略》的作者，也是持續研究勞動和職業的專家。

> 如果所有的員工都居家辦公，將更加明確地突顯出誰才是業績優秀的核心人才。新冠病毒疫情結束後，企業將會開始進行組織簡化。

　　這是摩根士丹利（Morgan Stanley）前首席經濟學家謝國忠提出的論點。他曾經預測了1997年亞洲外匯危機和2008年全球金融危機，目前以經濟專家的身分獨立活動。

> 66
>
> 2021年，人工智慧和自動化將會正式出現在你的職場上。
>
> 99

　　這是全球管理諮詢公司貝恩策略顧問（Bain & Company）的執行長曼尼・馬塞達（Manny Maceda）的預測。

　　上述這三人，皆是在商務和經營戰略領域首屈一指的專家，他們全都預測隨著居家辦公和自動化擴大，工作崗位將會減少。事實上，不僅是他們有此觀點，包括筆者在內，韓國也有許多專家提出類似的主張。這意味著未來已經漸漸成為現實，工作崗位正式縮減，只有能力強的職員得以生存下來的組織簡化，勢必會成為2021年的熱門話題。**縮減後的職位就不可能再次擴增，唯有實力者才能留下的激烈競爭，將公平地在職場中上演。**

　　過去的人才追求終身職場，希望長期穩定地工作，相反地，現在的人才更重視個人成長的可能性和良好的工作環境。因此，企業必須提供職員們自我開發的機會，並且打造出舒適的環境，讓員工們可以順利遠端工作或居家辦公，此外，績效評價透明化也是不可或缺的條件，這些都是為了確保留得住人才。**求職者多如牛毛，但能力優秀者卻總是難尋；說到底，企業為了確保出色的人才，不得不改變工作的型態。**無論是科技進化、新冠疫情影響或是人才的要求，整體的走向都是相同的。亦即，我們無法阻止未來的趨勢，優勝劣汰的世界終將到來。

善於遷移者才能生存

　　國家的壁壘已然消失，語言和文化的隔閡也降至了無法和過去相提並論的程度。在電腦前工作時，我們已經分不清楚身在首爾、紐約還是清邁，是在辦公桌前、咖啡廳，亦或是奔馳的火車上。經常採用視訊會議的話，同事究竟是在我的面前、隔壁辦公室或是其他國家，這些地理上的區分都不再具有意義。透過電腦和智慧型手機，我們

可以與世界任何一個地方連結，也可以聯繫世界上任何一個人。

現今的時代，幾乎所有工作都是利用電腦進行，並透過網路處理所有業務。也就是說，把連上網路的筆電放在公司的辦公桌上，和放在自家、咖啡廳或飯店房間的桌上，執行業務的能力沒有區別；就算身處不同的國家，工作能力也不會產生差異。這樣的型態，會讓條件好的人獲得更多就業機會，能夠做到這點的職業以及必須具備這種能力的時代已揭開序幕。**所謂的「地域自由」（Location Independent）就是用來形容這類的人才，意指他們能夠「不受場所限制，發揮工作能力」。數位游牧、地域自由再加上獨立作業，這三項就是未來人需要擁有的基本素質。**

然而，地域自由不代表一定要四處移動，不能定居在同一個地方。可以工作但不做，和做不到而放棄是有差別的。如果想要不分國家、地區和場所，在任何地方都能執行業務，就必須熟悉以數位和網路為基礎的智能工作環境。其次，還得不依賴組織，能夠獨自發揮生產力並經營商業活動，如此一來，生存力才會變得更為強大。另外，工作崗位也不是非得一成不變，因為就連那些提倡職業不

分貴賤的人，也一定會有比較喜歡或偏好的職務。

「游牧」原本指的是在中亞、蒙古等地進行畜牧，逐水草而居的游牧民族。不過，法國哲學家吉爾‧德勒茲（Gilles Deleuze）在《差異與重複》（*Différence et répétition*）一書中，將「游牧生活」（Nomadism）作為哲學概念解釋，意指不拘泥於特定價值和生活方式，不斷否定自己以尋找新的自我。後來，對人們來說，「游牧」不只代表四處流浪的畜牧民族，亦指稱不安於一處，為了追尋自我而不斷遷移的人。

德國未來學家龔朵拉‧英格莉緒（Gundula Englisch）在著作《工作游牧族》（*Jobnomaden*）中，為數位游牧者下了定義；法國的社會學家賈克‧阿塔利（Jacques Attali）在《數位游牧》一書裡（*L'homme nomade*），則把21世紀定義爲數位游牧的時代。在歐洲，許多國家的土地彼此相連，跨越國境較為容易，在語言隔閡相對較小的地方，可以輕而易舉地在各國之間遷移並找到工作。因此，數位游牧又被稱為「歐洲數位游牧」，或者叫做「商業流浪者」。但這個概念，如今已經適用於全世界。

事實上，數位游牧可以有兩種完全相反的解釋：一種

是能力優秀且經常被挖角，所以積極地轉換職場發揮自身才能的人；另一種則是為了維持生計，不得已地四處尋找職缺和收入的非正職暨自由工作者。雖然這兩者都屬於數位游牧，但情況卻是完全不同，追根究柢，兩者的分別也是取決於實力和競爭力。此處「遷移」並非核心所在，重點在於「自發性地遷移」，也就是不受場所、地區和國家的限制，在任何地方都可以發揮自身能力，進行經濟和社會活動。數位游牧的概念對目前的上班族來說或許影響尚小，但到了子女踏入職場的時代，「地域自由」很可能不再是一種選項，而是必備的素質。

　　希望在世界任何一個角落都能工作賺錢，有以下兩種方法：

　　第一，在國外透過網路與國內的企業聯繫，相當於遠端工作的一種。與場所無關，即使身處紐約或巴黎，也可以與國內的企業合作。無論是寫作、設計或是IT開發，都能透過網路互相交流，這樣的型態在韓國也適用，不是非得要人在國外才能執行。工作的過程和在國內時沒有區別，只是生活環境改變了而已。反正在首爾也要支出生活費，同樣的金額在首爾使用或在其他國家、城市使用，其

實都是一樣的。若想達成上述目標，在國外要能賺到和國內同等的收入。當然，賺的錢也可以低於在國內的薪資，只要生活在物價比本國低的地方即可。

第二，不管前往哪一個國家，都能與該國的企業合作，也就是在當地找工作賺錢，或者是創業。在自由工作者和數位游牧者中，IT開發人員和設計師特別地多，因為這兩者較少受到語言隔閡影響，且無論在哪一國工作，都可以使用相同的電腦和軟體。不必追求精通外語，只要熟悉日常會話即可。這個方法，對於軟體開發、設計、影像等能夠提出明確作品的領域較為有利。

歸根究柢，以上兩種方法都講求語言和技術，需要學習什麼樣的事物，答案已經呼之欲出了。不管有多好的翻譯軟體問世，熟悉一定程度外語的人還是更加有利。而包括程式設計在內，對新技術的理解將會是所有工作的根本。

此外，對渴望數位游牧的韓國人來說，最不可或缺的就是開放性。小學、國中、高中，我們在填鴨式教育和上令下從的環境中學習了12年。在這種教育環境下，自然而然會適應集體主義並服從管教。生活在單一民族的國家，

對待外國人的態度和語言等多少有些封閉性。歐洲的青年們放眼世界，規劃自己的職涯和未來，但我們卻只按照本國國內的情況制定計畫，首先必須得打破這樣的框架。

　　近來在首爾進行數位游牧的外國人愈來愈多，若以全世界來看，首爾在數位游牧者最想待的城市中名列前茅。根據觀點的不同，對某些人來說，韓國可能是地獄朝鮮，也可能是最適合從事數位游牧的國家。雖然我們無法決定自己出生在哪個國家，但是卻可以決定自己要在哪一個國家生活。說到底，擺脫封閉性、具備開放的心態，才是通往數位游牧之途的起點。

　　對於具有經濟獨立性和開放性的人而言，國境將不再是壁壘，在哪裡工作、和誰交朋友、組成家庭等，如今的時代一切都與老一輩不同，子女未來的生活更是如此。那麼，我們究竟應該教導子女什麼呢？該培養他們哪一方面的資質和能力？到頭來，還是所謂的「職業學生」。給孩子魚吃，不如教他釣魚的方法。

Reskilling，upskilling

> ❝
>
> 如今，傑出跨國企業的CEO們，正把以利益為中心的公司文化，轉變成以人才為重心。雖然從財務報表上看不出來，但當今企業資產中最重要的就是人才。因此，對企業而言最好的投資，就是讓人才提升技術（Upskill），以符合數位時代的趨勢。
>
> ❞

這是國際會計諮詢企業PwC的總裁提姆・瑞安（Tim Ryan）在2020年10月接受《每日經濟新聞》採訪時提出的觀點。將人才開發視為未來成功的核心，這並非突然發生的變化，而是多年來持續浮現的趨勢，且新冠疫情大流行又進一步提高人才開發的重要性。

根據國際會計諮詢企業KPMG在2020年9月發表的〈2020 CEO前瞻大調查〉（2020 CEO Outlook）結果顯示，CEO們認為企業最大的風險在於「人才」（Talent Risk）。

另外，在同一時期發表的〈後疫情CIO大調查〉（Post-COVID-19 CIO）結果顯示，有62%的經營者認為是員工的技能不足，導致組織無法跟上時代變化。

研究調查機構TalentLMS會同英國職場培訓刊物Training Journal與人才招聘軟體公司Workable，以企業人事部高層和管理階層為對象，在新冠疫情流行期間進行了問卷調查。根據2020年6月發表的調查結果，受訪對象中有43%表示在疫情流行時，自家企業擴大了員工的教育訓練。此外，**有91%的企業和81%的職員表示：提升技能和進修有助於提高工作效益。總結來說，成為職業學生對公司或上班族自身皆相當有利。**

包括數位技能在內，運用於產業上的主要技術，半衰期將持續地縮短。因此，擁有新技術和技能的人才，勢必會愈來愈少。從外部引進新人才時，每次都會碰到難關，而且需求的人才本來在市場上就相當欠缺。歸根究柢，最實際的方法就是提升內部員工的技能。如果不能讓人才們定期進修（Reskilling）、提升技術（Upskilling），藉以提高工作質量的話，就無法在商場上掌握良機。

據PwC的〈2019年人才趨勢〉（Talent Trends 2019: Upskilling

for a digital world）報告顯示，調查共1378名的跨國企業CEO當中，有79%在進行商務活動時，對核心技術的可用性感到擔憂（包括非常擔憂和多少有些擔憂）。PwC每年都會以跨國企業CEO為對象進行問卷調查，在進行商務活動時，對核心技術的可用性表示擔憂的百分比如下：2011年56%、2012年53%、2013年58%，而2017年則為77%、2018年80%、2019年79%，數據上有明顯地增長。之所以有愈來愈多的CEO對自家企業和員工擁有的核心技術感到不安和擔憂，原因就在於包括IT在內的技術型產業的主導權日漸擴大，且產業進化的速度也變得更快，商業競爭愈來愈激烈。

世界經濟論壇（World Economic Forum）在2019年11月以「導致CEO們夜不成眠的原因——技術（Skills）」為題，鄭重地介紹了這個熱門話題。**最近企業們最大的課題，就是招攬能夠引領新事業的優秀人才，並且重新培訓現有的人力。說到底，商業還是得由「人」來完成。無論技術有多麼先進，要將技術轉化為商業，都還是得依靠有能力的人才。**跨國企業的CEO們之所以失眠，原因就於此。在這種情況下，為了強化員工們的技能，勢必得擴大培訓方面

的投資。

　　由於疫情期間須保持社交距離，面授課程受到限制，企業遂將教育訓練全數轉成線上教學。在這種時空背景下，MOOC的代表企業Udacity、Coursera、Udemy也跟著受惠，因為它們經常被使用在跨國企業的員工培訓上。例如Udacity將特定領域細分並製成迷你課程，完成進修後即可取得奈米學位（NanoDegree）。假設每天花兩個小時學習，一週累計約10～15小時，那麼修完課程大概需要一個月左右。短暫的學習過程可以讓人更加投入，這是考慮到對上班族來說，課程太長可能會形成負擔，或者容易半途而廢。

　　BMW集團也和Udacity合作開發自動駕駛、資料數據科學（Data Science）領域的奈米學位課程，目標是透過員工培訓，讓工程師進一步晉升為資料數據專家。這種合作方式不僅僅是為了促進員工成長，還有一個理由是BMW希望未來不再由機械工程師主導，而是能改由資料數據專業工程師引領。由於汽車產業也朝著機動性（mobility）和自動駕駛的方向發展，最終「數據」將會成為整體的核心。除了工程師之外，BMW也為管理階層開設了教授人工智

慧的「AI for Leaders」課程。

全球能源企業殼牌（Shell）也與Udacity一起製作了包含多項課程的「Shell Nano Tracks」，向職員提供資料數據科學、人工智慧等領域的培訓。據調查結果顯示，因為所有的教學都透過網路進行，即使面臨封城或遠端辦公，參加課程的人也持續增加，此外，培訓不僅提高了業務能力，員工對公司的滿意度也有所增長。

新冠疫情的流行不僅讓企業深陷危機，連上班族也對未來倍感不安。總而言之，新冠病毒的爆發提高了企業或個人展開培訓和進修的急迫性，也成為了職業學生增加的關鍵契機。

職業學生，企業界的人才新寵

右頁是IBM亞太地區人事副總裁坪田國矢（Kuniya Tsubota）在2018年10月接受《韓國經濟新聞》採訪時所提到的，IBM的人才策略可以說是「職業學生」一點也不為過。2016年，IBM把在尖端技術領域具有實務能力的「新領」（New Collar）人才視為核心，白領、藍領的區分已失

> ❝
>
> IBM的哲學是不在欠缺人才的時候就從外部引進，
> 而是透過進修或培訓來謀求內部人員的成長。IBM
> 在組織管理方面傾盡全力的其中一個部分，就是
> 讓員工具備孜孜不倦、勤勉好學的態度。
>
> ❞

去意義，傳統的學位和科系專業也不再重要。IBM最看重的是對於新變化和新技術的熟練程度；換句話說，比起畢業證書和資格證照，招募人才時會優先考慮實務技能。

　　基於這種選才理念，美國IBM約有三分之一的員工不具備大學文憑，只要在網路資安、雲端運算、AI商務、數位設計等領域擁有實力，就算沒有四年制大學學歷也無妨。而類似的模式更擴大到世界各地的IBM，改變了現實的教育觀。過去那些未能順利進到IBM，或是連應徵資格都不符合的人，現在可以光明正大地被錄取，在職場上一展長才。

　　下頁這段話出自PwC的總裁提姆・瑞安。數位技能不足的員工，經常感受到巨大的不安，他們明顯察覺到產業和工作方式正在改變，所以擔心能力相對不足的自己會

> 只要你們不灰心喪志，我們就不會選擇放棄。為
> 自己投資吧！公司會竭盡所能地提供支援。

面臨淘汰或解僱。在機器人和人工智慧大量取代人力的時代，會計受到了致命性的打擊，因為數字的處理和計算，恰巧是機器人和人工智慧最擅長的領域。因此，數位轉型對專門從事會計諮詢的PwC來說是必須面對的課題，也是無可閃避的方向。為此，比起從外部引進人力，PwC傾向於提升內部員工的技能，特別是強化數位方面的能力。前面那段話的重點，不在於「永遠為員工負責」，**而是公司會盡可能地支持員工成為職業學生，鼓勵大家積極投入培訓和進修。如果公司願意投資並給予機會，但本人卻毫無動力的話，公司也會選擇放棄。**

　　在韓國的大企業中，將職業學生作為人才核心的企業也逐漸增加。漢拿集團從2020年開始，由會長兼任最高人事負責人（CHRO）及人才開發院院長，集團中最重要的教育與人事管理角色，不是讓其他人來擔任，而是由會長

本人一肩扛起。這種兼任的模式，目前在韓國漢拿集團是唯一，過去類似的例子也只出現過一次。

1987年，李健熙在成為三星集團的會長後，最先下達的指令就是要以世界最早的企業內大學 GE Crotonville 為榜樣，建立三星的人才開發院，並且由李健熙會長親自擔任首屆院長。此外，他還曾留下「一位天才足以養活10萬人」這樣的名言，至今「人才第一」仍是三星的核心價值。得益於此，三星不僅成為韓國最強的企業，也是國際優秀的企業之一。

SK集團從2020年開始，透過公司內部大學 MySuni 平臺，每年對員工們進行約200小時的培訓，相當於工作時間的10%，教學內容與AI、數位轉型、半導體、國際化、社會價值等有關，也就是SK集團的商業範疇和重視的經營價值。現今的時代，如果不繼續學習新事物就難以生存，應對能力下降的員工勢必會被淘汰。企業的人事與教育部門應該做的，是不讓職員一昧相信自己熟悉的事物和經驗，困在過去而缺乏進步。面對變化，員工必然會產生抵抗，對此企業也會不斷地嘗試突破。

日式經營的代表豐田汽車，將從2021年開始廢除論資

排輩型的年薪制度。隨著年資積累，一律按級距提高年薪和職位，這種組織文化在日本和韓國相當普遍。豐田汽車決定取消定期的加薪和升職制度，改採個人績效評價制，為的就是打造以實力為中心的組織文化。過去講求論資排輩，以階級結構為主，但這樣的組織如今讓人不以為然。工作和評價方式的改變是為了效率和生產性，不過最終目的仍是為了應對產業變化。假如還是盲目地相信年紀、年資和職級，選擇安逸度日的話，在未來會難以生存。韓國現在也有許多大企業開始取消按年資加薪的制度，幾年內廢除類似制度將會成為新常態。

　　創立於2012年的10× Management是為Google、BMW、威訊通訊（Verizon）、匯豐銀行（HSBC）等企業引介人才的經紀公司，筆者津津有味地閱讀了2020年10月22日《每日經濟新聞》對創辦人麥可·所羅門（Michael Solomon）和瑞雄·布隆伯格（Rishon Blumberg）進行的採訪。若想在危機中生存下來，就要引進比同事出色好幾倍的人才，而這樣的人才就被稱為「十倍力人才」（10× Talent）。顧名思義，就是能力強十倍的人才，但「企業需要好人才」的道理誰不知道呢？重點是如何造就這樣的人才、如何挖掘這樣的人才，不是

嗎？隨著技能在商業領域變得愈來愈重要，優秀人才和一般人才所創造出來的成果，差異可能會達到數十倍或數百倍。事實上，就算是學過相同語法的程式設計師，一般人才和卓越的人才也是天壤之別。即使運用相同技術，活用技術的能力本身就不一樣。

　　10× Management創辦人列舉出十倍力人才的五個特徵，其中的第一項就是熱愛接觸新知的終身學習者。也就是說，十倍力人才的關鍵就是職業學生。其次為「喜歡解決難題」，第三是「致力於做重要且有價值的事」，第四是「接受對自己業務成果的反饋」，第五則是「面對反饋時，不會自我防禦或責怪他人，而是如實承認並加以改善」。

　　除了第一點之外，其他幾點談的也是不安於現狀、勇於挑戰和提升自我，從這個角度來看，可以說與職業學生一脈相承。繳出卓越成績者，總是一些可以繼續深造的人才。不是只要努力就能成為十倍力人才，這些擁有潛力者，通常具備較高且均衡的IQ和EQ。

　　以韓國的角度來看，文科和理科的學習能力均衡者方為最適當的人才。愈是優秀的菁英，在技術和商業兩方面的理解度就愈高。與過去文科、理科壁壘分明的情況不

　　同，如今均衡地具備兩種能力者最具優勢，而這樣的菁英也才能長期活躍於職場，持續受到企業喜愛。

　　將職業學生視為招聘目標的的企業勢必繼續增加。由於「人」才是資本的核心，因此，招攬外部的優秀人才、培養內部的出色員工、送走被淘汰的人力等至關重要，這也是為什麼僱傭的靈活性在企業中不可或缺。

　　在所有商業皆與IT連結，數位轉型不可避免的時代，人工智慧、機器人和資料數據科學適用於大部分業務的時代，人們的工作模式不能再像過去一樣，也不能固守舊有的人才觀和教育觀。如果沉溺於過去和舊習，就無法迎接新的未來。

　　在規模大的企業中，最擔心的就是能力強的人總是出去獨立創業，而能力不足的員工則絕對不離開公司，一直堅持到最後。企業中必須有能迅速應對變化、果斷迎接挑戰的人才，因此，公司要麼培養內部創業，要麼破例給予極高的待遇，而按輩論資的給薪方式自然受到破壞。**扁平化和敏捷式管理被選定為組織文化，其實也是為了以人才為中心經營企業**。至今在組織裡依然會存有「搭便車」的人，缺乏實力卻又占據著工作崗位，這就像有實力卻找不到工

作一樣，令人感到難過和惋惜。總而言之，企業理想的人才管理，是最終只有實力者才能留下來，並且確實地給予這些人相應的報酬。

你可以工作到什麼時候？

　　韓國的法定退休年齡為60歲*，但實際退休年齡通常會比法定的早。據國會立法調查處2018年11月發表的〈60歲以上退休義務化之立法影響分析〉顯示，以2017年為準，實際的退休年齡為49.1歲，2006年則是50.3歲，相當於11年之間降低了1.2歲。若以相同的趨勢來看，以2021年為基準，退休年齡將降至48.7歲左右。當然，這裡的數據是平均值，有一部分的人或許還更早退休。

　　2020年韓國銀行界迎來了大規模的自願退休，對象包括1980年生的員工。若以2020年為基準，1980年生的人剛好年滿40，以20歲中後半踏入職場計算的話，等於工

---

* 依臺灣勞基法規定，臺灣勞工退休分為「自請退休」和「強制退休」兩類。勞工只要在同一事業單位內，符合「工作 15 年且年滿 55 歲」或「工作 25 年」的條件，即可依勞基法第 53 條規定向雇主提出「自請退休」。「強制退休」則由雇主發動，勞工非年滿 65 歲，雇主不得強制其退休。

作15年左右就名列自願退休對象。不過，在十大集團主要子公司工作的職員們，平均年資為10年左右，由此來看滿40歲退休似乎也不奇怪。此外，也有30多歲的人逃不過類似命運，形容組織調整時38歲是被半強迫退休的年齡，而有「38線」*這樣的說法。

在韓國，退休保障、終身職場的概念之所以開始崩潰，起因來自於IMF外匯危機。從1997年下半年至2000年，足足有3萬多間大大小小的企業倒閉，約171萬名上班族失業。當時，意指45歲就要準備離開工作崗位，到56歲還在上班就是小偷的「五六盜」和「四五退」，甚至成了社會上的流行語。不過，這兩句話不僅是一時的流行，至今仍然通用。在機器人、人工智慧和自動化正式搶走白領階級的工作之前，40幾歲就已達退休年齡，那麼10年後，30幾歲就退休的情況或許將屢見不鮮。**在退休與年齡脫鉤的時代，你究竟能工作多久呢？**

「組織調整」是2021年的熱門話題之一，在新冠疫情引發的經濟危機下，發生令人遺憾的大規模裁員，或者很

---

* 　1945年蘇聯和美國沿北緯38度在地圖上隨手劃定、分隔北韓和南韓的一條受降分界線。

多企業直接倒閉，瞬間出現大量的失業者。此外，傳統產業被數位化產業取代，自動化帶來的高生產量導致人力縮減等，都是造成失業的原因之一。就業危機每年都變得更加嚴重。

　　那麼，如果想長期維持穩定的工作，究竟需要哪些能力呢？首先，2020年10月世界經濟論壇發表的〈2020年未來就業報告〉（The Future of Jobs Report 2020）中，介紹了未來的職業預測，並提出2025年最重要的15項技能。請利用這張清單審視一下自己的能力，這15項技能全都是機器人和自動化難以取代的部分。也就是說，具備這些能力的人才，將最有機會擔綱要職，長期活躍於職場上。

2025年最重要的15項技能	
1	分析式思考與創新 Analytical Thinking and Innovation
2	積極學習與學習戰略 Active Learning and Learning Strategies
3	解決複雜的問題 Complex Problem-solving
4	批判性思考與分析 Critical Thinking and Analysis

2025年最重要的15項技能	
5	創意性、獨創性及決斷力 Creativity、Originality and Initiative
6	領導能力和社會影響力 Leadership and Social Influence
7	技術使用、監控與操縱 Technology Use, Monitoring and Control
8	技術設計與程式設計 Technology Design and Programming
9	彈性、抗壓力及柔韌性 Resilience、Stress Tlerance and Flexibility
10	推論、解決問題及發想 Reasoning, Problem-solving and Ideation
11	情商 Emotional Intelligence
12	故障排除與用戶體驗 Troubleshooting and User Experience
13	服務導向 Service Orientation
14	系統分析與評估 Systems Analysis and Evaluation
15	說服與協商 Persuasion and Negotiation

（出處：世界經濟論壇）

　　此外，該報告書裡還提出了在整體產業中需求量增加的20種職務，透過這些資料，可以瞭解2025年占據優勢的角色和職業，並且找到學習的方向，進一步強化個人能力。在列表的20種職務裡，大部分都屬於IT產業，因為幾乎所有領域都趨於IT化。這份數據不僅適用於2025年，很可能到2030年都還派得上用場，且類似的趨勢今後也會持續下去。

　　職缺量大增的第一名是數據分析師與資料科學家（Data Analysts and Scientists），而職缺數減少最多的職務，恰巧正是數據登錄人員（Data Entry Clerks）。雖然兩者的職稱都有「數據」二字，不過擔任的角色可說是天壤之別，單純且重複的定型化業務在未來勢必消失。請分析看看自己是否符合下頁表格所列的20種職務，以及要再進修哪些科目才能擔綱這些要角。

整體產業需求量增加的20種職務	
1	數據分析師與資料科學家 Data Analysts and Scientists
2	AI及機器學習專家 AI and Machine Learning Specialists
3	大數據專家 Big Data Specialists
4	數位行銷與戰略專家 Digital Marketing and Strategy Specialists
5	流程自動化專家 Process Automation Specialists
6	商務開發專家 Business Development Professionals
7	數位轉型專家 Digital Transformation Specialists
8	資訊安全分析師 Information Security Analysts
9	軟體及應用程式開發者 Software and Appplications Developers
10	物聯網專家 Internet of Things Specialists
11	專案經理 Project Managers
12	商務服務與管理經理 Business Services and Administration Managers
13	數據庫及網絡專家 Database and Network Professionals

整體產業需求量增加的20種職務	
14	機器人工程師 Robotic Engineers
15	戰略顧問 Strategic Advisors
16	經營與組織分析師 Management and Organization Analysis
17	金融科技工程師 FinTech Engineers
18	機械技師與機械維修技師 Mechanics and Machinery Repairers
19	組織發展專家 Organizational Development Specialists
20	風險管理專家 Risk Management Specialists

（出處：世界經濟論壇）

〈2020年未來就業報告〉從頭到尾都傳遞出一個重要訊息：具備專業知識的職位危機相對較小。換句話說，面臨就業危機之人，只要勇於學習新知、克服難關即可。這點當然不是所有人都可以做到，因此，「學習專業知識的能力」就是未來重要的資質。不只侷限於特定專業，而是每當需要新的技能時，就能馬上投入學習並加以發揮。而

對學習感到排斥的人，未來之路只會更加黯淡。

政府應該持續增加職場進修的相關預算，不過，對象不是單純的勞動者，而是要以具有專業知識的高級人才為中心。因為單純的勞動者，只會成為機器和自動化取代的對象，無論如何維持都有其侷限性。

世界經濟論壇繼2016年1月發表了〈未來就業報告書〉以後，在2018年和2020年接連發表了第二版與第三版，這些資訊可以在世界經濟論壇的網站上查到（weforum. org）。把上述版本全都找出來看固然很好，但若只想看其中一個版本，筆者當然建議先閱讀最新的〈2020年未來就業報告〉。

我的子女未來要從事什麼工作？

在上一篇介紹的〈2020年未來就業報告〉中，選擇需求量增加的數據分析、人工智慧、機器人、金融科技、軟體開發等IT領域的職業是一種方法。具潛力的職務一般都屬於正在成長中的產業，職缺和機會也相對較多。當然，人人稱羨的醫師、法律界人士等依然是相當優秀的職業，

就算未來實現IT化，這些職務也絕對不會消失。

　　對於孩子們未來應該從事什麼樣的職業，我不會列出理想職業清單。若是感到好奇，建議用Google搜尋包括前述清單之類的未來就業報告。但說實在的，看完之後並不會變得比較舒心。

　　在過去產業和社會變化速度緩慢時，可以根據報告裡列的潛力職業來準備就業。但是，現在的產業和社會變化速度過快，與其朝著某項特定職業努力，不妨確定自己想從事的工作內容或方向，然後隨著時代變化的速度轉換職場，這種方法更為實際。因此，別將目標鎖定在特定職業，必須以角色和職務為重心，培養需求的專業素質。在就業方面，實力比文憑更重要，實務技能才是真正的核心。

　　未來的工作崗位明顯減少，但以下兩個領域一定會增加：首先是IT領域。IT坐擁所有產業的主導權，今後勢必愈來愈龐大，成長性也最高。其次是社會福利與公共部門。隨著人力逐漸被機器人和自動化取代，失業者需要透過政府的政策來尋得工作，而社會福利部門可以投入稅金創造就業機會，對社會最為有利，是民眾需求相當高的單位。徵收機器人稅來救濟失業者時，也是在社福部門增設相關職

務。由於社會福利屬於公益領域，從對老人和弱勢者的照顧開始，將對提升生活品質等方面貢獻良多。

不過，這兩個領域之間存在決定性的差異：IT類職務獲得財富和地位的機會較大，而社會福利與公共部門的職務卻不然。也就是說，雖然兩者的職缺都一定會相對增加，但目的究竟是找到工作就好，還是希望透過工作獲得財富和地位，情況會隨之不同。

只有少數人能擁有名利雙收的職業，不可能所有人都能做到，就算經過激烈的競爭，最終的贏家也屈指可數。未來專業人士的價值仍然有效，但是，不能把「專業人士」的範圍侷限在醫師、律師等通過國家考試取得的職業。具備特殊資格、擁有個人的不可替代性，就可以算是所謂的專業人士。

此外，**看待職業的觀點也需要改變，亦即從事該工作時的享受程度**。過去經常認為這種態度不切實際且過於浪漫，雖然描繪起來很理想，但照做的話不僅難以成功，還會吃盡苦頭。然而，過去我們所認定的那些優秀職業，未來也可能被機器人和人工智慧取代，在這種情況下，任何職業都無法獲得保障。隨著時間流逝，原本前途似錦的職

業也可能被替代或消失。因此，無論選擇哪一種職業，努力在該領域保持頂尖才更為重要。

若想成為頂尖者，就必須瘋狂地投入。例如對電玩著迷的孩子，可以成為電競選手、遊戲製作人或是電玩領域的行銷，總之一定要找到足以沉迷且投入的事物。正所謂：「知之者不如好之者，好之者不如樂之者。」

貝納・維貝（Bernard Werber）從小就喜歡研究螞蟻，所以才能寫出《螞蟻》（*Les Fourmis*）這部獨創性小說。昆汀・塔倫提諾（Quentin Jerome）導演是電影界的黑馬，以反諷式創意獲得影迷支持，但他並非從正規的電影學系出身，而是曾在錄影帶出租店當店員，因為沉浸於各類的電影中，如今才成為了風格獨具的導演。另外，最優秀的動畫導演宮崎駿，總是為大眾帶來耳目一新的奇幻世界，他自幼就喜歡看漫畫，所以選擇在動畫界工作，因為出於熱情投入自己喜愛的事物，才得以成為世界級的動畫導演。

曾榮獲有建築界諾貝爾獎之稱的普立茲克建築獎的世界級建築家安藤忠雄，學歷其實只有高中畢業，他連大學都沒上過，更遑論建築系。有一說是安藤忠雄在擔任卡車

司機時，曾在舊書店裡看過世界級建築家勒‧柯比意（Le Corbusier）的設計圖，引領他走上了建築設計這條路。而勒‧柯比意自然也成為安藤忠雄最尊敬的建築家，甚至用他的名字為自己的愛犬起名。安藤忠雄雖然沒有專門學過建築，但是他藉由周遊世界自學設計，後來成立了建築設計事務所，走上建築師之路，最終晉升為世界級的建築大師。上述的這些名人，都是在自己熱愛、能像玩樂般投入的領域裡，取得了開創性成果。

與過去相較，最近甚至有些人在年紀輕輕時就證明自己的價值。對身為數位原住民的Z世代而言，看待年齡的基準必定與上一代不同。**像老一輩過去的生活一樣，堅持努力讀書考上好大學，再藉由優秀的成績找到好工作，這種方式在Z世代眼裡相當荒謬。**

2013年時，16歲的職業電競玩家Faker（李相赫）正式出道，是目前仍在活動的世界電競史上首屈一指的選手，甚至可媲美籃球界的麥可‧喬丹（Michael Jordan）和足球界的梅西（Messi）。NIKE與李相赫所屬隊伍簽訂贊助合約後，將他當作如同足球界的C羅（Cristiano Ronaldo）、籃球界的詹姆士（LeBron James）等Nike贊助的超級明星般

禮遇。2020年初，在美國ESPN上，BTS、奉俊昊導演、足球選手孫興慜、職業電競選手李相赫被選為韓國的四大菁英。據說李相赫的年薪超過50億韓元（約1.11億新臺幣），還從中國戰隊那裡收到100億韓元（約2.22億新臺幣）的年薪提案。實際上，在中國也有年薪接近100億韓元的選手。李相赫高中念到一半便輟學，因為熱愛電玩遊戲，所以他選擇中斷學業，踏上電競選手之路。

最近職業電競選手名列小學生夢想職業的前幾名，當然，在某些長輩眼中，對孩子們夢想成為足球或棒球選手等相當寬容，但是對電競選手一途卻相當反感。因為他們不知道「電競選手」也是一項職業，在自己以前的生活中從來沒有經歷過。這種老一輩父母至今還會把舊時的觀念灌輸給下一代，告訴孩子們「像醫生或律師才是賺錢的職業」、「穩定的工作首推公務員」。這些父母根本沒有想過類似的預測是否符合未來趨勢，假如子女無條件地聽信，辛苦了10年後會不會有很多人反過來埋怨父母呢？

在我們生活的世代，不少小學生賺的錢比父母更多，甚至還擁有一定的社會影響力。從2019年6月1日到2020年6月1日，這一年間在YouTube上收入最多的TOP 10

中，排名第一的是連續三年拔得頭籌的美國男孩萊恩‧卡吉（Ryan Kaji）。他在這一年內賺了2950萬美元，換算成韓幣約320億（約7.11億新臺幣），而這位美國男孩才年僅九歲。

在YouTube賺進1850萬美元、排行第七的是六歲的俄羅斯女孩Nastya（Anastasia Radzinskaya），她在前一年以1800萬美元的收入排行第三。五歲的孩子一年能賺200億韓元（約4.44億新臺幣），聽起來也許很不可思議，但這卻是發生在現實生活中的事。

美國的九歲男孩萊恩‧卡吉年收入約 3000 萬美元，位居 YouTube 收入排行榜第一名。與年齡無關，這些擁有個人內容的 YouTuber 創造出職業價值。（出處：萊恩‧卡吉的 YouTube 頻道）

　　萊恩・卡吉在前一年（2018 ～ 2019年度）以2600萬美元位居第一，2017 ～ 2018年度則是2200萬美元，同樣占據了第一名。他在七～九歲時，三年間光是YouTube的收入就高達7750萬美元，約為850億韓幣（約18.9億新臺幣）。除此之外，若再加上玩具事業等商業版圖，以及在其他影音平臺上的活動等，總收入將更為驚人。

　　YouTube收入TOP 10中有兩名未滿十歲，其餘的大多是20 ～ 30歲的年輕人。我提這個例子，並不是打算鼓勵大家成為YouTuber。而是，與年齡無關，這些擁有個人內容的創作者，展現出職業的價值。過去如果想要製作節目，就得努力念書，考上大學後再到電視臺任職。但是，如今就算省略這些過程，也完全有可能實現夢想。

　　過去小學、國中、高中這12年，目的都是為了準備大學升學考試。其實，在這長達12年的歲月裡，應該要掌握孩子喜歡什麼、擅長什麼，找出他們的才能和興趣。如此一來，在升大學或選擇科系時，就能找到更切合現實的答案。12年的教育，或是加上大學四年的16年學習時光，目的應該在於挖掘自己想從事什麼樣的工作，享受什麼樣的成就，但現在大眾卻只把「考上大學」視為目標。也就是

說，沒有將重心放在「職業」或「未來」，而是圍繞著「學歷」打轉。在名校文憑能夠幫助取得就業機會，或是讓人生變得更加順遂的時代裡，這樣的思維或許沒有問題，但現在的情況已完全不同。

執著於舊習的父母們應該要懂得反省。當然，不是無條件地全盤改變，而是至少要擺脫慣性，睜開眼看看世界和未來，然後再談孩子的未來也不遲。**未吸收新知的父母在不瞭解趨勢的情況下，根據舊習干預子女的未來是最危險的。**

對於現在的孩子們而言，未來的第一份工作或第一間公司，就如同字面上的意思，不過是「第一次」的選擇而已。不妨挑選一份更大膽、更冒險的職業，年輕時應該不斷試驗和擴張自己的能力與價值。倘若缺少這樣的過程。就很難找到自己最滿意、最擅長的職業。

毫無規劃地選擇第一份工作，然後任勞任怨地度過一生，這種情況在上一代很可能發生。**但是，在職業學生生活的時代，即使是初入職場，也要選擇有利於跳槽至下一階段的地方。**不是一輩子待在同一間公司、維持同一份職業，而是要不斷地進步和成長。就像小學畢業後才能上國

> 不要問孩子以後想當什麼，應該要問孩子打算解決什麼問題。如此一來，對話就會從「為誰工作」轉變成「為了解決問題，應該強化哪些學習」。

中，國中畢業後才能升高中一樣，職業和職場也是如此。不要一開始就想定下結局，必須持續進化，藉以提升抵達終點時的價值。

　　上面引號這段話是Google的培訓負責人（Chief Education Evangelist）海梅‧卡薩普（Jaime Casap）所提出的觀點。事實上，這段話不僅適用於孩子，對大人來說也很重要。我們總是想著要為誰工作，進入職場時也好，創業時也是。因此，我們必須轉換想法，試著優先考慮自己想解決的問題，思索自己想做哪些工作。覺得他人走的路光鮮亮麗就盲目跟進，或者對社會上普遍認定的理想職業深信不疑，這種態度將很難長期保有工作，也會離菁英之路愈來愈遠。**實力平平卻得和機器人爭奪工作，這樣的戰爭肯定沒有勝算。**

你的競爭對手不是機器人，
而是「缺乏原創，只能承襲」

　　擔心被機器人搶走工作的上班族不斷增加，20～30世代的人經常心懷恐懼，而40～50世代的人則煩惱較少。這種情況，不是因為40～50世代的人已經準備好了，而是他們認為自己扮演的角色即將終結，已沒有自我提升的必要，於是一昧地迴避趨勢變化。生活在百歲時代的人們，至少到70歲，不，甚至是70歲以上，都必須擁有個人的社會角色。如今已不再是講究體力勞動的時代，知識勞動的比重逐漸提高。

　　那些擁有個人原創內容（Original）的人，即使年齡增長，機會也依然持續。追根究柢，我們要競爭的對象不是機器人，而是「缺乏原創，只能承襲」（Unoriginal）。如果我們把機器人當成假想敵，不僅會產生被害意識，還會以恐懼和不安的視線看待它們。換句話說，我們不反向要求自己的競爭力和價值，卻只把焦點放在機器人這一外部因素上。機器人或許會取代我們的工作崗位，但那些不擔心被替代的人，其實根本不把機器人當作競爭對手。所謂

的「競爭」，重點在於自己具備的能力，亦即昨天的我在吸收新知後，與明天的我一較高下。

在工作效率愈來愈重要的時代，缺乏專業者絕對難以戰勝機器人。**無論你願不願意，講求效率的數位環境會大舉入侵我們的工作場域。**在效率和生產性雙雙提高，又可以減省人事成本的情況下，未來還有多少企業會放棄導入機器人和自動化，堅持使用傳統人力呢？立基於全面數位化，未來將是效率和生產性的時代。因此，無論是教育還是勞動，方向都勢必產生變化。

「非面對面」和「遠距」是現代最重要的兩個關鍵詞，而這兩個關鍵詞的核心就是數位化。隨著遠距教學的擴散，未來將會愈來愈以效率和生產性為中心，最終，懂得自主學習的人和必須強制規定或鼓勵才會學習的人，兩者的差距只會不斷擴大，而實力優秀者和表現平平者的差距亦然。此外，學校教育的作用也將面臨侷限，以入學考試為重點的課外輔導更會逐漸消失。未來，培養實力、技術、品德和領導力的教育，一定會獲得強化和提升。

如果大學的遠距教學持續發酵，缺乏競爭力的大學將會加速崩潰。此外，大學文憑對就業的影響降低，代替

現有大學的新式教育需求漸增，這也加快了大學體制的瓦解。說到底，過去的光榮會消散，許多大學也將消失在舞臺上。留下來的大學除了部分核心科系外，也將擺脫四年制學位模式，成為能夠讓學生快速學習、立即應用的微型實務大學。

隨著遠端辦公的擴展，缺乏競爭力的上班族也會加速面臨組織調整，而管理績效和成果的評價制度，更會讓他們失去立足之地。機器人、人工智慧和自動化愈是提升白領、服務業或製造業的效率和生產性，人力替代所導致的工作崗位減少就會愈嚴重。

教育和工作方式的變化，不是讓人才的資質漸趨平均，而是打造出以頂尖菁英為中心的世界。差距進一步擴大，競爭也將更加激烈。面對不遠的未來，你打算把自己培養成什麼樣的人才？學習哪些事物才能在激烈的競爭中占據優勢？選擇權都在於你。

能力優秀者和能力不足者、生存下來的人和被淘汰的人，也許很令人感慨，但這樣的未來已成為了現實。在新冠肺炎流行期間，很多人只把焦點放在疾病和傳播的恐懼、死亡和生命等，忽略了產業、技術、社會的變化和

革新變快了多少。**新冠肺炎不只讓我們當下身處恐慌，還成為了決定性的契機，促使我們必須提前面對未來。因為教育和工作方式的大幅革新，會直接對我們的工作和生存造成影響。**

　　未來將不再需要中庸型的人才。企業過去曾有段時期需要此類員工，而既有的教育體制也培育出相應的人才。但是，現在中庸型的人才很可能會被機器人取代，而企業也就沒有理由再招募類似的員工。你有多少把握能不被替代？你是具有獨創性的人才，還是一般常見的平凡員工呢？

　　為了回答這個問題，接下來我將介紹一位美國少年的案例。

　　受養父影響，這名美國少年從小就習慣製造和組裝物品，而這份關心與好奇，後來更延伸到製作電子產品的工程學上。由於他幼時生活在山景城（Mountain View，即日後矽谷的中心地帶），和周圍的工程師有很多交流的機會，也一路看著世界頂級的IT企業成長。自然而然地，IT變成他最感興趣也最關注的領域，甚至擁有了比其他人更快、更頻繁接觸電腦的環境。

　　這名美國少年對音樂和藝術充滿熱情，甚至到其他大

學旁聽設計和書法等課程。但對於自己就讀的學校，他選擇了休學。後來，他在自家的倉庫裡創業，創立世界上第一間製造個人電腦的公司——蘋果。

他雖然身為IT工程師，但是對設計性思維很感興趣，透過自學的方式汲取相關知識。因此，在製作第一部個人電腦麥金塔（Macintosh）時，除了講究功能性外，還格外注重畫面的使用性和視角。從蘋果電腦延續下來的設計和使用性、UX（用戶體驗），透過iPod、iPhone、iPad等產品，成為品牌重要的競爭力與魅力。基於對音樂和藝術的濃厚興趣，史蒂夫‧賈伯斯（Steve Jobs）製作出iPod和iTunes；基於對設計領域的關心，蘋果的高科技產品融入卓越的設計巧思。歸根結柢，賈伯斯在興趣方面積累的經驗，成為他發明新事物的重要靈感。

缺乏關心就絕對不可能激發好奇，在不感興趣的事物上，更絕對無法引導出創新的發現或提問，正所謂「不瘋魔不成活」。湊巧的是，比爾‧蓋茲、馬克‧祖克柏、伊隆‧馬斯克等也是如此，我們熟知的全球著名IT企業創始人，與賈伯斯的案例有很多類似之處——相對集中在自己關心和感興趣的事物上。他們專注於自己想要解決的問

題，不被社會普遍的規則套牢。

獨一無二的構思就是所謂的「原創」，但如果只是表面上喜歡而不深入研究，最終仍難以成為原創。在學校教育和課外輔導取得高分，這樣的學習方式只不過是「承襲」罷了。

我們的人生只有一次，有權做自己想做的事，過自己想要的生活。每個人都是世界上獨一無二的存在，有權選擇自己想要的道路，走出屬於自己的人生。因此，我們必須培養個人無可取代的能力，把自己真正感興趣的事物加以串聯。也許這樣的能力在就業或升學考試中毫無幫助，但在實際創業或投入職場時，這種能力會成為關鍵的武器，也是和機器人一爭高下時，最終得以獲勝的重要條件。

2040年，聽起來像是遙遠的未來嗎？目前就讀國高中的子女，在2040年時大約是30歲中後半。就算到了2050年，他們也才不過40多歲。如果因為被機器人排擠而失去工作，這樣的年齡實在太早，餘下的人生也太過漫長。

成為職業學生，創業吧！

過去強調「在好的地方就業」，而如今的趨勢則是「藉由創業製造出獨一無二的產品」。現在仍然有許多父母認為：愈是聰明的孩子，就愈應該去念醫學院、專注在國家考試，或者目標放在進入大企業。但是，**真正聰穎的孩子，其實應該選擇創業**。醫生救人、法官守護正義、高階公務員維持國家運轉、教授培養後進等，這些都是重要的事。這些目標，大多都是聰明的孩子考進頂尖大學，通過考試後加以實現。不過，如此優秀的孩子，更應該把焦點放在值得關注的事物上。

創業家創造就業機會，開拓未來，因為這是具有高附加價值，迎向未來的作為。如今韓國也正在轉變為適合創業的環境，除了擴大對青年創業的投資，基礎設施亦日漸完善。在美國，新一代富豪紛紛大舉投資位於矽谷等地的新創產業，由此可見一斑。如果孩子擁有遠大的夢想且資質聰穎，不如將他培養成創業家如何？這不就是父母能給孩子最大、最有價值的禮物嗎？

> 幫助在這個地球上的每一個人到每一個組織，實現更大的成就。——微軟（Microsoft）
>
> 帶給人們分享的力量，讓世界更加開放，連結更緊密。—— Facebook
>
> 利用擴及全球的人脈網，協助專業人士發揮優勢、盡展所長。——領英（LinkedIn）
>
> 打造一個四海有家的世界。—— Airbnb
>
> 成為地球上最以客戶為中心的公司。
> ——亞馬遜（Amazon）
>
> 加速全球轉向永續能源。——特斯拉（Tesla）

　　從創業開始，憑藉著革新的力量，一下子躋身全球頂尖企業的行列。這些IT企業的標語十分有趣，因為他們創業的理由和願景就是要改變世界。創業不是代替就業的選擇，也不是賺錢的手段，終極目標是要推動世界迎向改變。

> ❝
>
> 只有擁有比自己更大的野心，才能發揮真正的潛力。
>
> ❞

這是美國首位黑人總統歐巴馬（Barack Obama）的名言。

大疆創新（DJI）創辦人兼CEO汪滔，從小就是個熱愛模型飛機的少年，小學時還曾經纏著父母購買高價模型直升機。據說當時模型直升機的價格是中國上班族平均月薪的七倍，可見汪滔對模型飛機有多癡迷。當然，如果父母在他想玩模型飛機的時期，要求他專心準備考試的話，這名少年的人生或許會截然不同。汪滔出生於杭州，幼年時期就搬到了深圳居住。雖然舉家遷移是父母的決定，但恰巧深圳正好是中國製造業的聖地。

原本就讀師範大學的汪滔，認為學校與自己的性向不合，於是大三時選擇退學，申請轉到香港科技大學專攻機器人。2005年，汪滔開始準備畢業成果展──遙控直升機的飛行控制系統，這項研究獲得了香港機器人大賽第一名。2006年，畢業後的他在深圳創立了大疆，當時年僅25歲。大疆在全球無人機市場擁有75～80%的壓倒性占有率，世

大疆在世界商用無人機市場上擁有壓倒性的占有率，其創始人兼 CEO 汪滔小學時就纏著父母購買高價模型直升機，25 歲時創立大疆，用無人機改變了世界，也讓自己成為億萬富翁。（出處：韓聯社）

界商用無人機的標準技術大部分都掌握在大疆手上。

　　大疆光是員工人數就有 1 萬 4000 名左右，近年雖然沒有公開具體的銷售數量和金額，但大疆 2016 年的銷售額超過 10 億美元，2018 年則達到 40 億美元左右，如今的規模應該比以往更驚人。新冠肺炎的流行，也讓無人機領域受益匪淺。根據《富比士》的數據，汪滔的資產為 48 億美元（以 2020 年 12 月為準）。一個迷上模型飛機的少年，用無

人機改變了世界，也讓自己成為億萬富翁。

　　1992年出生的帕爾默·拉奇（Palmer Luckey），於2012年創辦了虛擬實境科技公司Oculus。2014年，他創立的公司以23億美元的價格被Facebook收購，22歲就晉升億萬富翁。帕爾默·拉奇是位熱愛電腦遊戲和電動的瘋狂遊戲迷，因為電影《駭客任務》（*The Matrix*）而對虛擬實境著迷。帕爾默·拉奇沒有去學校上課，而是在家裡自學，從14歲就開始實驗製作虛擬實境的相關產品。後來，他在募資平臺Kickstarter為25萬美元的開發資金進行募款，結案時募集的金額卻高達240萬美元。就這樣，他成功創立了Oculus，製造出全世界最有名、最暢銷的VR設備。

　　曾經是遊戲狂的少年主導了VR產業，收購Oculus的Facebook則認為VR是未來的趨勢，對此持續進行投資。換句話說，未來將會有更多的Oculus VR設備流通於市面上。假如當年那位14歲少年，在進行產品實驗時遭到父母阻止，事情又會如何發展呢？假如父母不支援實驗所需的裝備或成本，只把他送進補習班準備升學考試，局面又會如何翻轉呢？

　　Uber的創辦人崔維斯·卡蘭尼克（Travis Kalanick），

18歲時首次展開事業版圖，為即將參加美國數學能力測驗SAT的後輩們開設家教班。後來，被他教過的學生在短期內進步超過400分，他便半推半就地設置了所謂的「猜題保證班」，有趣的是，該學院是和韓國人共同創辦。雖然他的事業起點極具韓國商業特色，但此後他所關注的領域，則大多是以網路為基礎的共享經濟。

1998年，在加州大學洛杉磯分校（UCLA）就讀電腦工程系的卡蘭尼克中途輟學，以「Scour」正式進軍IT界，主要提供音樂及影片共享服務。這項事業雖然募到1500萬美金以上的投資，得以進一步擴展，但受到Napster等競爭者影響，以及接連面臨的著作權訴訟，最終宣告破產。

緊接著，卡蘭尼克在2001年與友人共同創立「Red Swoosh」文件共享服務，但後來基於內部經營問題，事業陷入了困境。幸運的是，卡蘭尼克最終以2300萬美元的價格，將Red Swoosh賣給了雲端平臺企業阿卡邁科技（Akamai），賺得一筆可觀的收入，並以此作為Uber的創業基礎。卡蘭尼克在年紀輕輕時就創業，遭遇的失敗和挑戰多不勝數。雖然Uber成功的背後也引發不少爭議，但不管他是不是好的經營者，人品和個性如何，在這裡都不重

要，因為我們不是要照著他的方式生活，而是參考他看待創業的態度。

創辦運動相機品牌GoPro的尼克‧伍德曼（Nick Woodman）是名衝浪手，他對衝浪十分著迷，可以說近乎瘋狂的程度。在澳洲衝浪旅行時，尼克‧伍德曼想用相機記錄自己乘風破浪的模樣，他認為只要開發出綁在手腕上的相機，衝浪手們就能輕鬆拍下個人英姿，於是在2002年，也是他27歲那年，開始創業。

經過研究後，2004年GoPro首次推出可以戴在手腕上的35mm膠片相機。此後經過不斷發展，在2010年又推出首款可以攜帶及穿戴的高畫質HD相機HERO，開啟運動相機的新時代。身為衝浪狂的尼克‧伍德曼，一手推動了新相機的誕生。後來，由於市場上競爭對手輩出，GoPro曾一度遭遇危機，但最終他順利克服，目前公司仍持續成長。GoPro在那斯達克（NASDAQ）股票交易所上市後，市值超過12億美元。2019年，GoPro的銷售額約為12億美元，員工人數維持在1000名左右。換句話說，他用創業帶來了1000個工作崗位，和一間收入上億的公司。

尼克‧伍德曼目前仍是GoPro的CEO。創業的價值如

此驚人，不僅能賺取龐大的收入，還可以改變世界，創造許多工作崗位。此外，更關鍵的是，創業的同時也向世界證明了自己的價值。

創業不只是年輕人的專利，通常最合適創業的年齡為40歲。40多歲的人，通常已累積超過十年的工作經歷，也遇過各式各樣的問題和危機。由於具備一定的經驗和人脈，與大學生或剛畢業就開始創業的新鮮人相比，在熟練度和實務能力上更占優勢。

實際上，在矽谷或紐約募集到投資的創業者，平均年齡落在30歲後半至40歲出頭。因此，對中年或青壯年而言，創業都是值得重視的議題。尤其是在趨勢變化中不斷學習、應對的人，更應該透過創業來證明自身的價值。如果從來都沒有試著挑戰過，日後肯定會覺得後悔。看到其他人卓越的創業成果、斬獲巨大的成功，才感嘆道：「啊，我以前也想過要做那樣的事業」，這種行為最不可取。不敢挑戰，就不會有機會。

根據《富比士》的資料顯示，小米創辦人兼CEO雷軍的資產約為300億美元（以2020年12月為準），是全球排行第43名的富豪。小米2020年第三季的銷售額為722億

人民幣（約3210億新臺幣），與前一年的同期相比增長了34.5%；2019年的銷售額則為2058億人民幣（約9149億新臺幣），較2017年增加了17.7%。2020年雖然碰到新冠病毒肆虐，但小米仍然維持著成長趨勢，預計2020年的銷售額將會創下歷史最高紀錄*。

小米成立於2010年，雷軍41歲的時候。在1990年雷軍21歲時，他也曾創辦過軟體公司。其實，雷軍很早就接觸到IT產業，過去曾是武漢電子商場的常客，因為對電子產品相當熟悉和專業，在當地頗有名氣。大學時，雷軍也選擇專攻電腦工程。雖然他的首次創業以失敗告終，但1992年時，雷軍以程式設計師的身分加入中國軟體企業金山軟件，六年後升任公司CEO。2007年，金山軟件在香港股市上市，隨後他便辭去了職務。

在iPhone問世後，雷軍確信手機將成為未來大勢所趨，於是他化身為天使投資人，向250多個新創企業提供支援。2010年，他帶著七名核心成員聯合創立了小米：以雷軍為首，另外還有待過微軟和Google的軟體工程師林

---

* 小米2020年總營收為2459億人民幣（約1.09兆新臺幣），2021年持續增長至3283億人民幣（約1.46兆新臺幣）。

斌、摩托羅拉（Motorola）首席工程師出身的硬體專家周光平、在金山軟件一起工作超過十年的工程師黎萬強、帶領Google中國R&D組的洪峰、微軟首席工程師黃江吉、北京科技大學工業設計系系主任劉德等七人。團隊成員全部都有十年以上的工作經驗，平均年齡超過40歲。有經驗豐富的專家們參與，將大幅提升創業成功的可能。

彭博（Bloomberg）的技術投資基金Bloomberg Beta，與加州大學柏克萊分校（UC Berkeley）哈斯商學院（Haas）一起調查了2005年以後在矽谷和紐約創業的新創／IT企業家。這些企業家開始創業的平均年齡是38歲，40歲以上的人占全體的38%。此外，他們的平均學歷在碩士以上，創業前的工作經歷為16年。由此可見，年齡和經歷是不容忽視的條件，因為實力有一部分來自經驗。

據美國天使投資公司First Round十年來對新創公司的投資結果顯示，創業成員中若包含名校或大企業出身的專家，成果會比其他公司高出一倍以上。假如共同創辦人裡有史丹佛大學、麻省理工學院、加州理工學院等常春藤聯盟的畢業生，創業成果則較其他公司出色220%。First Round的投資組合公司中，有38%是常春藤聯盟出身的創

業團隊。而所屬成員若待過亞馬遜、蘋果、Google 等大企業，團隊成果也會比其他公司高 160%。此外，在初期投資時的企業價值計算，這些團隊也會高出 50%，可以理解成是考量到網路和基本實力等。

當然，上述結果不表示一定得就讀名校，而是比起進入優秀企業，名校光環其實更有利於創業。不過，值得注意的是，這樣的情形也已成為過去式。比起名校出身，實務經驗和資歷更加重要，這與非進大企業不可的理由是一脈相通的。換句話說，進入大企業的目的，不是為了獲得高額年薪，或者擁有長期穩定的工作，而是為了在創業方面累積更有利的競爭力。**願意終身學習的人，即使上了年紀也會不斷挑戰，而這種挑戰將會創造出機會。**不僅是 40 代的人，50 代的人只要有能力，都應該要挑戰創業。如果擁有長期積累下來的資歷和經驗，同時也是樂於終身學習的職業學生的話，比起就業，創業將是迎向未來的最佳途徑。

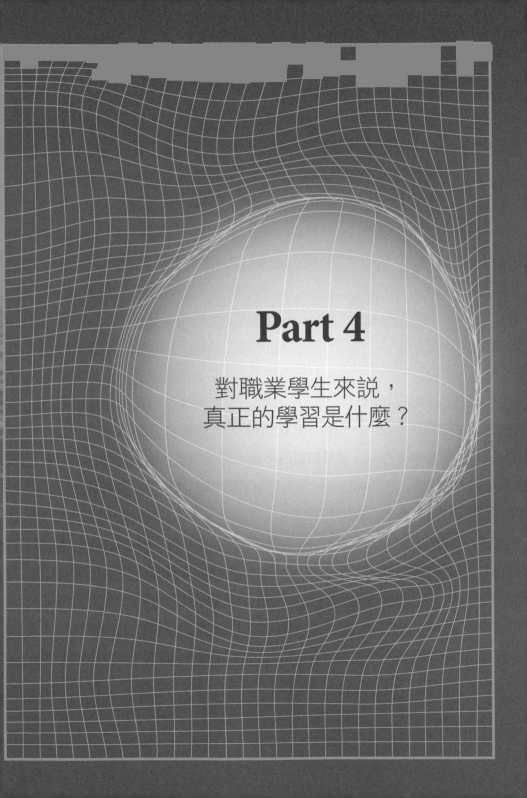

Part 4

對職業學生來說，
真正的學習是什麼？

對現在的你而言，
最需要的是「忘記所學」

> 21世紀的文盲指的不是不識字的人，而是學過的
> 東西忘了，卻不懂得重新學習的人。

　　這段話出自艾文‧托佛勒。忘記所學（Unlearn）和重新學習（Relearn）都是對我們擁有的知識和學習的否定，兩者相互連結。**學過的東西不是忘記就算了，而是要重新加以學習。這句話在新常態時代更加真實，也預示著職業學生的態度在21世紀不可或缺。**

　　學習（Learning）的反義詞是忘記所學（Unlearning），這兩個詞在字典上雖然意義相反，但兩者其實都是一種學習的方式。在尋找革新式的解決方案時，「忘記」是必要的途徑，因為已經習得或理解的知識會成為慣性，對尋找新的答案形成妨礙。比起接受新的改變，組織內一定會存

在傾向維持現狀的結構化慣性，因此，企業在經營時，「『忘記所學』的重要性並不亞於『學習』」。這是管理學界的泰斗、組織理論界的世界級專家亨利・明茲伯格（Henry Mintzberg）教授提出的觀點。**想要維持現有狀態的慣性不只會出現在組織中，也會體現在個人身上，尤其是地位和年齡等，隨著擁有和累積的東西愈來愈多，這種慣性就愈強烈。**

因此，在 CEO 或領導人階層裡，有很多人都做不到忘記，無法輕易放下自己過去成功或親身驗證過的方式，而這種態度就是新常態時代最大的敵人。在新常態時代，新事物和熟悉的事物很多時候會相互衝突，這時我們極可能會傾向支持熟悉的事物，導致過去的經驗和知識最終成為接納新變化的絆腳石。若想接受新的事物，就必須拋去舊有的執著。懂得放下過去是一種勇氣，而唯有具備終身學習的勇氣，才能夠走得長遠。

會拿起這本書的讀者，大概是知識工作者，或是想成為知識工作者的人。所謂的「知識工作者」，指的是將「知識」視為自己主要資產的人，例如教授、建築師、醫師、科學家、律師、會計師、設計師、管理經營者等皆屬於此

類。雖然製造業、服務業或一般白領上班族從事的工作也很有價值，但卻極有可能被機器人和自動化取代，相對地，知識工作者的工作價值則能夠維持得較久遠。而職業學生的態度，對知識工作者來說尤其重要。

　　1959年，首次提出「知識工作者」（Knowledge Workers）一詞的人，就是被譽為「現代管理學之父」的彼得・杜拉克（Peter Drucker）。他將未來定義為知識社會（Knowledge Society），深信知識工作者不可以中斷學習，而他也不斷地在生活中實踐這個信念。彼得・杜拉克一輩子都是職業學生，他每三年就會選擇一個領域集中鑽研，據說他一生研究過管理學、經濟學、社會學、政治學、統計學、小說、亞洲史、美術等超過16個領域。管理學是一門非常複雜的學科，彼得・杜拉克可謂是將自己在各領域學過的東西融會貫通，才養成了更深入、視野更廣的洞察力。出生於1909年的彼得・杜拉克在2005年去世，2004年他甚至還學習過明朝美術。他曾經說過這樣一段話：

> 以前畢業於哪所大學、在什麼地方留學是區分受
> 教者的指標，但在現代社會，知識很快就會變得
> 過時。現在如果不講求終身學習，就不能算是受
> 過教育的人。

　　我們現在處於知識社會，也生活在百歲時代，隨著壽命的延長，工作年限自然也跟著變長。知識工作者目前的社會地位已相當高，但在未來會更加突出。不，應該說因為是知識工作者，所以在未來也能繼續工作。體力勞動者的工作力和年齡息息相關，但知識工作者卻並非如此。即使職場上設有退休年齡，知識工作者也不會受到拘束，只要有實力就可以繼續活動。說到底，為了具備與時俱進的知識，而不是過氣的陳腔濫調，必須隨時隨地忘記所學和重新學習（Relearning）。放下過去的勇氣，這才是得以不斷成長的關鍵。

　　意指新標準的「新常態」一詞，其反義詞不是「舊常態」（Old Normal），而是「反常」（Abnormal）。**過去的經**

驗、可以通行無阻的常態和基準，在新時代很可能被改變。因此，緊緊抓住過去而不肯放棄執念的人，可以說是反常態者，也是會被最先淘汰的順位。忘記過去的知識，就是我們現在要學習的「新課題」。

未來，只有領袖養成教育會留下

> 會讀書的學生，指的不過是善於服從，或懂得順應體制的人罷了。現在的教師或許自認為在培養孩子們的才能，但實際上是正在毀去孩子們的天賦。

這段話出自德國趨勢專家兼未來學家馬蒂亞斯·霍克斯（Matthias Horx），他指出：「韓國至今還停留在所有學生都往同一個目標（大學）前進的單純化教育模式上。」馬蒂亞斯·霍克斯於1999年成立了預測未來的智庫「未來研究所」，為跨國企業提供諮詢，是影響歐洲政治、經濟政策的頂尖未來學家。

> 學業成績是指理解所學的被動性認知，但重要的
> 是自己主動找出解決方案的積極性認知。

　　這是2002年諾貝爾物理學獎得主小柴昌俊提出的觀點，據說他在東京大學的畢業成績，16個科目中有14個只拿到良和可*。

　　韓國人的智商在世界名列前茅，學習能力也是全球第一，但卻沒有人在科學領域獲得諾貝爾獎。近年雖然有不少企業崛起成為跨國企業，但至今最大的缺點仍是創造力不足。韓國企業在跟進或模仿上十分優秀，不過在創新方面卻差強人意。換句話說，韓國在複製和理解既有事物的能力出色，但發現或創造新事物的競爭力卻幾乎是零。在過去學習能力很重要，但未來更重視的是創造力，從這一點來看，韓國孩子們的未來可謂烏雲密布。

　　無論是學校教育或課外輔導，一直以來都只培養出

---

* 　日本大學成績評量採等第制，分為「優、良、可、不可」四等第。

「會念書」的人，養成在入學考試中拿高分的能力，而這也是教育的核心目標。不過，這樣的目標絕對無法培養出領袖，考試拿高分的能力在未來沒有多大意義，視野平庸之人也很難有卓越的表現。機器人和人工智慧不僅會取代人力，在政治、經濟、社會中所占的比重和影響力也會愈來愈大，因此，未來的領導人必須要能控制及管理機器人和人工智慧等技術。換句話說，未來的領導人不僅要帶領國民，還要管控機器人。而為了實現目標，領導人就必須正確地解讀世界。

> "
>
> 受機器人和自動化影響，工作崗位將持續減少，政府必須提供失業者薪資（基本的生活津貼或類似的補助等，為此必須向機器人課稅）。
>
> "

　　這是伊隆・馬斯克2016年11月接受CNBC採訪時提到的內容。伊隆・馬斯克是主張基本收入的商業領袖之一，他的論點與機器人稅有關。微軟創始人比爾・蓋茲、

Facebook執行長馬克‧祖克柏、微軟執行長薩蒂亞‧納德拉 （Satya Nadella）等，都是擁護機器人稅的代表性商業領導人。

> ❝
>
> 機器人將會搶走人類的工作，而政府應該要向導入機器人的企業徵收相當於勞動者所得的稅金，把這些稅收使用在老人福利或兒童教育等方面。對於因機器人而失去工作的人，應該讓他們再次接受教育，以便在社會福利或兒童教育領域重新找到工作，機器人稅則可以用來支付他們的薪資。
>
> ❞

　　這是比爾‧蓋茲在2017年2月接受QUARTZ採訪時提出的觀點，為此機器人稅又進一步掀起話題。產業和技術領域的領導者們，大多主張機器人稅和基本所得，這個議題今後將愈來愈重要，也很適合父母和孩子們一起討論。

　　機器人和自動化取代人力已在現實中上演，機器人稅的議題也迫在眉睫。主張向機器人課稅的人認為，就像勞動者必須針對工作所得繳納所得稅一樣，機器人代替人力

投入職場，為企業創造利潤的話，就應該向機器人徵收相當於所得稅的稅金。而就反對機器人稅的立場來看，這種課稅方式一不小心就會妨礙機器人產業的發展，更何況「機器人又沒有人格、權利或義務，怎麼能像人類一般課稅呢？」這樣的主張，通常來自於透過機器人獲利的那方。

2016年，歐洲議會開始著手擬定機器人稅的草案，並在2017年2月通過將機器人的法律地位指定為「電子人」（Electronic Person）的決議案。亦即法律賦予機器人人格，確立了徵收所得稅的基礎。2017年，舊金山參事委員會（Board of Supervisor）委員金貞妍（Jane Kim）發起「未來工作基金」（Jobs of the Future Fund），是加州研究如何應對自動化革命、推行機器人稅等制度的活動組織。機器人稅雖然不是在政治圈能夠立即引發共鳴的話題，但在不久的將來勢必會成為重要焦點。2017年，英國的工黨黨魁傑瑞米‧柯賓（Jeremy Corbyn）提倡機器人稅，紐約市長比爾‧白思豪（Bill de Blasio）也在2019年支持徵收機器人稅。

2020年美國大選時，身為民主黨初選候選人的焦點

人物楊安澤（Andrew Yang），提出以全體國民為對象，每個月給付1000美元的無條件基本收入（Universal Basic Income）政策，而他所談到的財源籌措方法，就是機器人使用費。由於IT企業崛起，導致屬於傳產的企業接連倒閉，相關從業人員逐漸減少，生產現場的人力也被機器人取代，在這種情況下，他主張應該向企業徵收機器人稅，為失業者提供基本收入。例如美國有200～300萬名貨車司機，假設自動駕駛商業化，他們的工作崗位就會消失。如果向引進自動駕駛的企業徵收機器人稅，就可以用來保障貨車司機的基本生活。當然，這個問題不會那麼容易解決，因為有許多利害關係糾纏在一起，而且與金錢息息相關，很可能會在未來引發嚴重的社會競爭和矛盾。

　　世界知名的人工智慧學家、史丹佛大學法律資訊中心教授傑瑞・卡普蘭 （Jerry Kaplan），在其著作《人類不適任的未來》（*Humans Need Not Apply*）中預測：隨著人工智慧的發展，在目前人類擁有的職業當中，將有90%會被機器人替代。這種情況也會直接導致勞動市場不穩，收入趨於兩極化。事實上，機器人取代人力的最大問題，就是會造成兩極化加劇、弱勢群體增加。依靠勞動為生的時代

結束後，必然會引發嚴重的社會問題，**多數人將透過激烈的競爭去爭取有限的工作崗位，生存者和淘汰者之間的矛盾也將無可避免。**

　　就像機器人和自動化引發就業問題一樣，上述現象也與人口問題環環相扣。韓國名列低出生率國家，經常使用「人口懸崖」、「人口減少之衝擊」等詞語來表達憂心，但是，人口減少真的百分之百是危機嗎？對於「人口減少」這一關鍵詞，上一代的人首先考慮到的是人力減少對經濟帶來的負面影響。但是，人口和生產、經濟強弱成正比的時代已經過去了。

　　在新常態時代，經濟成長並不會帶來職缺，現在的工作崗位已然不足，未來只會進一步減少。也就是說，不能只將人口減少看作是危機；相反地，隨著人口增加，找不到工作的人會愈來愈多，社會就需要支出更多的費用來負擔這些人的福利和扶養，反而很可能在經濟上造成打擊。此外，如今的時代，一名有能力的人可以達到1萬人的生產效益，把人口數視為國家競爭力的態度必須有所轉變：不能再用過去的視角看待人口問題，應該要以未來的角度解讀。說到底，未來社會更需要懂得觀察趨勢的領導人，

不是被動學習的模範生，而是能夠解決新問題的創意性挑戰者或革新家。但是，這樣的願景，真的能在現下的學校教育中順利推行嗎？

家庭教育比學校教育或課外輔導更重要

學校教育只能以普遍多數為對象，對變化的因應相對緩慢；而課外輔導能增強應付短期測驗的考試技術，但是在長期的養成教育方面卻難以有所幫助，且勢必會以商業為目的。為了長期的教育規劃，就算不能立即顯現出效果，也要對自己的孩子因材施教，每當趨勢發生變化時就要隨時應對，這就是家庭教育最實際的作用。家庭要肩負起的角色，並不是學校教育或課外輔導擅長的部分，而是必須經過長時間累積才能變得出色、不容易用分數來評價的能力。為此，在家庭教育中像培養習慣一般，為孩子建立出框架非常重要。

在家庭教育裡，最關鍵的就是創造力。創造力不是與生俱來的天賦，大多是因為在充滿創意的環境裡成長。猶太人雖然只占了0.2%的世界人口，在科學和經濟學領域的諾貝

爾獲獎者中，卻占了三分之一左右。從人口數來看，韓國人比猶太人多三倍以上，但韓國在科學和經濟學領域從未得過諾貝爾獎。

在數學奧林匹克、物理奧林匹克賽事上，韓國的高中生也包攬過獎項，論 IQ 和學習能力，韓國人並不輸給猶太人，但為什麼會有這樣的差異呢？也就是說，韓國的學子在上大學前是世界第一，但往後的發展卻存在侷限性。韓國學生在學習和模仿既有事物上，通常能夠發揮卓越的能力，但在創造和革新方面，卻總是令人感到惋惜。

在 Part 2 曾經介紹過英國和愛爾蘭在用餐時間進行家庭教育的傳統，以及甘迺迪家族在餐桌上辯論時事的文化，而猶太人的傳統教育方式，也是互相詰問和討論。他們不對回答進行評價，反倒把重心放在「提問」上，因為答案可以透過搜尋找到線索，但提問講求的是問題意識。不懂的就說不知道，好奇的部分就勇於提問並學習，這樣的人一般可以實現更多目標。如果想找到答案，首先就要懂得提問；只要找到問題點，就會得出更完美的解答。換句話說，創造力的起點就在於「提問」。

愛因斯坦的狹義相對論就始於學生時期的一個問題。

當時就讀瑞士阿勞州立中學的他，曾想過：「如果我拿著一面鏡子，用比光速還快的速度運行的話，鏡子裡會映照出何種影像？」這個充滿創意的提問，對15歲的學生來說相當困難，但是，這樣的好奇心奠定了愛因斯坦未來學習和研究的基礎，最終完成了狹義相對論。由此可見，有問題就一定會有答案，而提問就是創造的原動力。

　　重點不在於他人的提問，而是自己對自己拋出的問題。有時父母會對孩子說：「不要問一些沒用的問題。」但是，那些問題究竟是有用還是沒用，父母真的能夠明確判斷嗎？當問題在萌芽階段就被斬除，好奇心和問題意識也會一併消失。父母做出這樣的事，然後才說要培養孩子的創造力，把他們送去補習班，這樣的行為根本毫無意義。

　　若要培養孩子的創造力，父母應該怎麼做呢？美國教育專家尼爾・波茲曼（Neil Postman）表示：「孩子們通常帶著『問號』入學，畢業時卻只剩下『句點』。」亦即透過正規教育制度誕生創意性人才的可能性微乎其微。歸根究柢，培養創意力的殿堂不是學校，而是家庭，因為父母掌握了孩子創意力的鑰匙。不過，千萬不要用奇怪的教材來指使孩子學習，或是把他們送去補習班之類的地方。把創

意力教材化的構想本身就有問題，而抱持著這種觀點的父母創意力本來就是零。

尚·保羅·沙特（Jean-Paul Sartre）甚至極端地形容道：「在十名創意大師中，有一半早早就失去了父親」、「父親唯一能為兒子做的就是早點死」。別誤會，這些話指的是為了培養孩子的想像力和創造力，必須放任他們自由馳騁。所謂的放任不是完全不管，而是要支持孩子們喜歡和感興趣的事物，提供他們體驗的機會。雖然上述的主張備受爭議，但可以肯定的是，思想過時的父母們硬給孩子灌輸老舊的想法，會對創意力產生很大的毒害。

在家庭教育中，寫作和口語表達能力也應當受到重視。雖然幾乎人人都會寫、會說，但若想擁有卓越的能力，則需要長時間養成。重點不在於文采或口才，而是與人溝通時，寫作和口說是最能有效表達出邏輯與主張的武器。

哈佛大學曾經針對成為社會領袖的畢業生進行調查，詢問他們成功的最大因素，令人驚訝的是，問卷結果得到最多的答案是：寫作能力。無論是包含自身主張的文章，還是具有專業性的論文或書籍，寫作都是提高自身價值的最佳武器。這就是為什麼包括哈佛大學在內，MIT、史丹

佛等大部分美國名校，都要求學生不論就讀什麼科系，一律得接受寫作課程的訓練。

以具備邏輯性的分析和專業化的內容撰寫文章，關鍵在於從小就要熟悉類似的系統並養成習慣，絕對不是韓國盛行的虛有其表的寫作課或論述技巧班。學生們應該學習如何將知識有系統地製作成個人內容，而不僅僅是文學寫作或整理文章的能力。

路德維希・維根斯坦（Ludwig Wittgenstein）被譽為20世紀最偉大的哲學家，在邏輯學、語言學、分析哲學等方面都擁有卓越的貢獻，也寫得一手好文章。他曾經說過：「我語言的界限，就等於我世界的界限。」並表示提升寫作和語言能力的唯一途徑，就是多讀、多思考和多寫。這個方法不僅對維根斯坦有效，也適用於我們每一個人。

淺易的寫作技巧可以透過作文班或課外輔導習得，但這些只在考大學時能派上用場，根本不可能運用於職場或社會。寫作和口語表達不屬於短期速成的領域，唯有從小開始經年累月地養成，才能比他人更具優勢。善於寫作和口語表達的人，愈有機會成為領導者，且隨著職位的升遷，寫作和發表演說的機會就愈多。

　　家庭教育的核心不在於技能型的學習，而是要教導孩子待人處事的態度，人性的關鍵就是習得真正的禮儀。韓國式的禮儀其實有許多不合理之處，雖然韓國經常以「禮儀之邦」自居，但在年齡歧視、種族歧視、性別歧視或身障者歧視等對待弱勢群體的態度上，在國際間絕對算不上進步。

　　韓國禮節教導的是長幼有序，這種態度固化了以年齡為中心的文化。韓國人使用敬語不是為了體貼或尊重對方，而是區分長幼尊卑的一種語言文化。雖然重視對父母、家人、親戚或上司等親近之人的禮儀，但對一般人卻普遍缺乏禮貌和關懷。韓國明明是全世界都認可的利他性民族，不管遇到什麼樣的災難，韓國人都會像發生在自己身上一般積極地站出來。不過，日常生活中存在的各種差別待遇，讓韓國人的利他性和禮儀顯得黯然失色。

　　在英語系國家通常不會說傷人的話，清一色都是稱讚和鼓勵。雖然很像是阿諛奉承，但這種行為也可以看作是體貼對方。相反地，我們經常說「忠言逆耳」，所以會毫不猶豫地提出批判，但嚴格來說，這種批評並非平行式的交流。亦即，批評不是雙方互相交換意見，而是只允許地

位高或年紀長的人，對比自己小的人進行批判。假如情況反過來的話，就會被認為是沒禮貌或不懂尊卑，無法接受下對上提出的建議。

　　韓國人只要年紀大或地位高，很多時候就會把自己奉為上級，然後把對方看作是下屬。以年齡為基準的上下尊卑，這種做法真的算是禮貌嗎？人性的出發點在於對彼此的尊重和平等，但如今有愈來愈多因為成績優秀而考上名校，或是在理想企業就職且爬上高位的人，最終因人品問題而變得墮落。過去就算人品有瑕疵也尚可堅持下去，但隨著世界改變，品行不好的人總有一天會被揭穿。因此，我們應該好好思考一下，究竟是要教孩子一輩子都裝得毫無破綻，還是要培養他們懂得尊重人類和人權。

　　現今的時代，即使被選為最佳新秀，成為職業球隊的第一王牌，只要在校時期曾經參與過霸凌或暴力事件，合約就有可能被取消或釋出。就算通過了高難度的國家考試，錄取成為公務員，一旦捲入性騷擾糾紛或是品行顯露出問題，就有可能被取消資格。即使被提拔為經營者，或成為長官、政治領導人，如果不懂得尊重他人，被揭發曾經有過歧視性的發言，就必須辭職以示負責。

現在如此，往後也不例外。說了什麼話、做過什麼樣的行為，都很可能會被記錄下來。追根究柢，這不是只要小心謹慎就可以解決的問題，而是從一開始就要養成良好的品德，並且達到社會要求的基本值。這樣的品德教養如果不在家庭教育裡實行，又該由誰來負責？把品行教育當成考試一樣，就算獲得了認可又有何用？人性是無法喬裝或遮掩的，因此，比起學校教育和課外輔導，家庭教育應該更加注重品德之養成。

學習團體：是否有共學互助的對象？

> 必須在個人專業領域裡教學深耕者，會比他人獲得更多的成長。

彼得・杜拉克的這句話讓我深感共鳴。筆者身兼講者及研究人員，將研究的內容撰寫成著作，並以此為基礎

進行演講。如果一直是同樣的題目，和初次演講時相比，內容會隨著時間流逝變得愈來愈充實。因為在演講的過程裡，會收到聽眾的反饋和討論，得以汲取各種問題意識。身為講者工作時，偶爾會在自己的研究成果中發現錯漏或意想不到的議題，而為了解決這些部分，我會繼續學習和進修，自然而然地研究工作也會獲得進展。透過和各領域專家交流，進一步拓寬思考和專業視角。這樣的狀態，相當於我同時從事研究和演講兩項不同的職業，並且形成了良性循環。

作為一人企業和知識工作者，這就是我得以繼續工作下去的原動力。實際上，我不只敦促他人學習，自己也堅持勤學不怠，從各種關係中吸收知識養分。此處的重點，就在於「從各種關係中」學習。

一個人也可以學習新知，但若想培養問題意識，或透過討論來深化議題思考，與他人共學會更有效率。因此，我們要懂得各自組成專業的學習小組，除了養成興趣和累積通識的讀書會或社交沙龍，還應該聚在一起謀求更具體的進修。換句話說，必須組織更多的職業學生群組。

假如只參加過準備就業或升學考試的讀書會，那麼現

在應該透過各種主題的學習群組，與他人結伴修習難以獨
自完成的課程。也就是說，職位有可能被機器人和人工智
慧取代的人，必須聯合起來進修，藉以培養不可替代的資
質和能力。不妨與職場同事們共創群組，或者和朋友、鄰
居等互助學習。

韓國有8萬間以上的咖啡廳，其中光首爾就有將近2
萬間，可以在咖啡廳裡聚會、學習，也可以乾脆約在讀書
咖啡廳（Study Café）裡交流。據統計，韓國約有1萬間專
為念書而打造的讀書咖啡廳，不必花大錢，僅以一杯咖啡
的價格就能舉辦共學團或讀書會。

亞馬遜的創辦人兼CEO傑夫・貝佐斯（Jeff Bezos）制
定的團隊經營法則中有一項「兩盤披薩法則」，亦即小組舉
辦會議時，與會人數應該低於吃兩盤披薩的人數。假設一
盤披薩是八片，每人吃二～三片的話，那麼與會人數就應
該落在六～八名。倘若人數過多，議題討論將很難推動，
現場也會分為踴躍發言和不發言兩派。同理，共學團的目
的就是要建立沒有陪襯、所有人皆積極參與的結構，因為
這並非強制參加，而是根據自身需求，為了自我成長才主
動組建的聚會。

　　當然，共學團不是只能和空間距離上接近的人組建，只要使用Zoom等視訊會議工具，就可以和全世界任何一個人共學。因此，無論是位於首爾、濟州、紐約還是東京，都可以和學習相同主題的人連上線，互相交流知識，彼此鼓勵，共享問題意識。

　　為了提升學習效率，共學時最好能輪流發言，教學相長。藉由這些過程，可以體會到「教別人時自己學到更多」的真諦，也能拓展自身的思維和經驗。比起地緣、血緣或學緣，一起學習、增進實力的人反而會形成更緊密的連結。**如果說地緣、血緣或學緣是停留在過去的人脈，那麼在共學小組中作為職業學生努力的同伴，就是一起成長和謀劃未來的人脈。**人類應該彼此相信，當攜手謀求生路的人愈多，就愈能免於被淘汰的危機。

　　有些人會藉口沒有時間學習，再忙也不會比伊隆・馬斯克更忙吧？生產電動汽車兼自動駕駛，改變汽車歷史的公司特斯拉，以及製造載人太空飛船，以移居火星為最終目標的企業SpaceX，都是馬斯克創辦的公司。特斯拉在全世界汽車企業中，市價總額高居首位，馬斯克可說是卓越的企業家和億萬富翁，兼具天才與鬼才的強烈形象。馬

斯克算得上全世界最忙碌的人之一，但據說他每天都會閱讀兩本書。比爾・蓋茲、史蒂夫・賈伯斯等劃時代革新者中，熱愛啃書的人特別多。不過，他們不是死讀書的平凡學生，也不是為了升學或證照考試而學習，他們的重點在於研究世界趨勢變化、社會和產業、人類與技術等。

　　即使不以世界級富豪為例，僅以韓國國內而言，富

讀書咖啡廳提供了適合舉辦共學團或讀書會的環境，價格通常只需一杯咖啡。雖然一個人也可以學習新知，但若想培養問題意識，或透過討論來深化議題思考，與他人共學會更有效率。（出處：韓聯社）

豪之中也有許多人熱衷閱讀。大企業的CEO、成績亮眼的專業人士和富豪們，一大早就聚集到飯店聽講進修，類似的早餐論壇多不勝數。這些人很久以前就開始為未來做準備，透過學習和閱讀培養生存本能。或許是傾盡全力學習，才讓他們總是能在競爭中占據優勢。

忙到沒時間看書和學習？別自欺欺人了！你不是忙，只是懶惰和無能，而且不渴望成功，對自我成長也缺乏熱情。絲毫不付出努力，就期待自己可以順利應對趨勢變化，這不過是好逸惡勞的妄想罷了。如今的時代和以前不同，變化的速度每年都在增加，而且受新冠疫情影響，變化的腳步又進一步加快。

過去拒絕學習而勉強堅持下來的人，往後會面臨極大的難關。無論再怎麼固執，都不可能抗拒趨勢變化，然後還能在商業世界生存下去。閱讀時，用讀了幾本書來衡量閱讀量是相當愚蠢的方式，因為我們的目的不是「讀書」，而是透過閱讀獲取自身需要的價值。換句話說，閱讀應該重質不重量。同理可證，共學團體也不是愈多愈好，品質才是其中的關鍵。

當奇點臨近，學習也會產生變化嗎？

奇點一般是指技術奇點，代表未來的某個瞬間，包括人工智慧在內的技術進步，將為人類社會和人類的進化帶來急遽且不可逆的變化。

奇點的基本概念是由被稱為「電腦之父」的約翰·馮紐曼（John von Neumann）所提出，他既是物理學家、數學家及電腦科學家，也是賽局理論（Game Theory）的創始者，更在製造原子彈方面做出貢獻，同時投入了人工智慧的研究。馮紐曼的成就十分卓越，範圍廣泛甚至讓人懷疑一個人如何做到這麼多事。他曾經預言：「隨著技術不斷發展，人類歷史上必然出現奇點，而奇點之後的歷史，將會與現在截然不同。」

接著，聖地牙哥大學的電腦科學專家兼科幻小說家弗諾·文奇（Vernor Vinge），進一步將奇點的概念大眾化。他首次提出網路空間的概念，並於1993年發表了論文《即將到來的技術奇點》（*The Coming Technological Singularity*）。

其後，未來學者雷·庫茲威爾在《奇點臨近》一書中

提到，人工智慧超越人類智力總和的時間點將是2045年。他主張除了人工智慧之外，遺傳學（Genetics）、奈米技術（Nanotechnology）和機器人學（Robotics）等，將會對人類的生活產生巨大影響。當然，針對庫茲威爾的預言我們不必照單全收，但可以肯定的是，技術進化的速度將會持續加快。

　　庫茲威爾預測，到2030年，連結人類大腦與人工智慧的技術就會問世，人類將具備更卓越的智能，但同時也將逐漸走向機器人化。目前馬斯克創立的腦機介面公司Neuralink已在研發人腦與機器連結的技術，2020年7月還曾經公開過大腦植入晶片的豬隻。如果人腦和電腦的連結化為現實，人類習得知識的方法可能將大幅改變。此時此刻，你或許忍不住懷疑：「未來真的會變成那樣嗎？」科技有時會勾勒出令人難以置信的未來。但回顧過往，想法凌駕於一般人之上的科學家與革新者，經常取得讓人驚豔的發展，因此，這種預測和研究極有可能成為現實。

　　單以新冠病毒的疫苗研發來看，以往需要五年左右的時間，但現在縮短到了一年以內。技術進步的速度明顯加快，5年、10年、20年後，我們生活的社會和技術、產業方面的變化，將與現在呈現完全不同的面貌。到頭來，**只**

有跟得上這種進化速度的人，才得以獲得更多的機會。「從實踐中學習」（Learn by doing），這是庫茲威爾創立的奇點大學的重要原則，而這也是我們在應對未來時必備的核心精神，亦即所謂的「職業學生」。

假如你的子女未來成了無用之人，你會是什麼樣的心情呢？耶路撒冷希伯來大學歷史系教授，也是全球暢銷書《人類大歷史》（*Sapiens*）作者的哈拉瑞（Yuval Noah Harari），在其著作《人類大命運》（*Homo Deus*）中，將那些因自動化而失去工作崗位、被擠出僱傭市場的人稱為「無用階級」（Useless Class）。雖然相當冷酷，但一個人在失業的瞬間，對整體社會也就喪失了功用。因為他既不能從事生產活動，無法賺取收入，也不能自行解決溫飽問題。此外，哈拉瑞還補充道：「現在孩子們在學校學的大部分內容，到他們40歲時都將變得毫無用處。」

這樣的人該如何活下去呢？對他們而言，人生應該具有什麼樣的意義？這些問題我們目前還沒有答案，但是，我們的子女勢必得面對上述的考驗。你放心把這些問題都交給政府解決嗎？你相信政府會安排好一切，我們只要安心迎接未來就好嗎？你的子女未來真的能夠安居樂業嗎？

到頭來，問題不能只交給政府或政策，必須各自尋找生存的方法。如今，我們需要更強而有力的自我進化。

　　為此，瞭解自身價值和優點、性向和興趣的過程不可或缺。而這些事物，不該由父母代為決定，也不會由神來下達指示，必須靠自己透過各種經驗和嘗試逐步挖掘，也就是需要所謂的「實踐」。

　　閱讀各式各樣的書籍，學習各種不同的事物，與形形色色的人相處，孩子必須將自己的生活具體化。這些事不能、也無法由他人代勞，**唯有自己找到人生的目標和方向，才得以應對、克服各種變化和危機**；若一昧地按照他人安排好的路走，絕對難以迎接未來的趨勢——因為缺少了自我確信，就無法朝著茫然的未來繼續前行。

　　此外，我們應該放棄對菁英路線的幻想：從明星高中畢業，考進名門大學，之後進入大企業或成為高專業性人才。這種一路累積財富和社會地位的典型菁英路線，已漸漸失去力量。現在的我們，不該冀求孩子走上最簡單、最安穩的康莊大道，而是要抱著前方沒有路也要披荊斬棘前進的決心。因為孩子們將要面臨的未來，可能與我們過去生活的世界完全不同。因此，他們更應該選擇自己想做的

事，且為了履行終身學習，必須找到內心真正喜歡、熱愛和擅長的領域。

本書為職業學生列出的必修課有科技（Technology）、金錢（Money）、趨勢（Trend）、藝術（Art）和生存力（Survival）等五項。 這些都是不持續進修就難以獲得的知識，也是需要不斷更新的技能。當然，前面提到的4C（創造力、溝通、批判性思維和合作）亦不可或缺，4C是方向、態度，也是足以保持進步、實現自我成長的技能。4C是上述五大領域的基本核心，換句話說，理解新的技術領域時，在技術應用方面，需要創造力和批判性思維；在執行的過程中，也需要溝通和合作。同理可證，在金錢、趨勢、藝術和生存力方面亦然。

如果將五個領域和4C作為基本功累積起來，就可以結合個人專業，產生強大的加乘作用，不僅有利於轉換產業，也得以具備未來人才應有的競爭力。以國文、英語、數學＋歷史和科學為中心的學習，在入學考試中舉足輕重，但在社會上用途十分有限；相反地，科技、金錢、趨勢、藝術和生存力＋4C，在社會職場和生活等現實面至關重要。這五大領域的詳細內容，接下來將會逐一介紹。

科技：當科技成為常識！

　　將科技放在首位的理由，是因為未來如果對科技缺乏理解，很多事情將窒礙難行。科技在未來將成為最普遍的常識，就像我們現在學習國文、英語，在日常生活中活用數學邏輯思考一樣，未來每個人都應該要理解和使用編碼或程式語言，並靈活運用新的高科技設備。在 OECD 國家中，韓國的不識字率最低，但在實際讀寫能力（Literacy）上卻敬陪末座。也就是說，韓國人雖然有能力看和寫文字，可是卻無法正確理解文意。文字理解能力低的話，就很難成為知識工作者，也難以順利進行日常生活。在數位時代，數位素養（Digital Literacy）不可或缺，也就是理解和使用數位技術和軟體的能力。不懂數位技術的人，在現今社會就已相當不便，未來更不可能生活在主流社會裡。數位能力的差距必然進一步擴大，而且還會找不到工作。在中國，據說連街友也會出示 QR CODE，透過手機支付來接受善款，所有人都試圖具備生活在數位時代應有的基本條件。若不瞭解數位科技，還期待在未來擁有好的工作崗位，根本就是天方夜譚。

在數位科技中，首先要提到的是程式設計（Coding）。如果想把程式設計學好，就得先摒棄對編碼的誤解。所謂的編碼是指電腦程式設計，也就是根據個人需求，透過適用於電腦的程式語言（C語言、Java、Python等），邏輯性地編成指令。就像我們學習國文和英語一樣，若想正確地操作電腦，就必須先理解它們的語言。程式設計課不是在學技術，而是邏輯思維和語言教育，也是學習「運算思

在首爾某親子咖啡廳舉辦的程式設計教育說明會。程式設計課不是在學技術，而是邏輯思維和語言教育，也是學習電腦「運算思維」的最佳途徑。（出處：韓聯社）

維」（Computational Thinking）最好的途徑。

　　也就是說，我們的目的不是要擅長寫程式，而是透過編碼來習得邏輯性思考和解決問題的能力。程式設計不過是個工具，但教育方針卻試圖將其套用入學考試的風格：學校教育只是讓學生理解最基本的內容，而課後輔導則傾向於功能性學習。就像文科和理科都要學數學和英文一樣，程式設計也不分類組；不是學過數學就可以成為數學家，學了英語就能夠當翻譯，程式設計當然也不例外。程式設計不是嚴格的技術教育，而是所有教育的基礎，把基本功草草帶過，這不是本末倒置嗎？

　　假如律師善用程式設計，就可以比其他人更快、更大量且準確地做好案件資料及判例調查，業務效率和速度也會獲得提升。以此優勢為基礎，將得以制定更具邏輯性的辯護戰略。而這樣的模式，同樣也適用於金融專家、趨勢分析師或服裝設計師等。**我們不是追求足以成為程式設計工程師的技職教育，而是希望透過編碼最大限度地提升各種職業的價值和專業性，這點必須特別留意。**

　　人工智慧和運算技術正在逐步進化，如果不能充分利用和享受，那該是多大的損失？就像學英語的目的不僅僅

是要和外國人對話，而是透過交談與對方建立友誼或商業關係，在這個過程中，能夠取得多高的地位和機會才是核心目標，而學習程式設計的道理也與此相同。認識英文字母、能夠進行簡單的對話，並不代表可以在英語圈進行商業活動，成為某個領域的專家，我們也應該用這樣的概念來理解程式設計。

英國政府從2014年9月起，開始將電腦科學列入小學、國中、高中12年的教育課程。正規科目一共有12個，其中電腦科學和英語、數學、科學、體育一起被指定為五大必修科目，占的比重愈來愈大。過去學校也有開設電腦課程，但主要講授的是 Word 和 Excel 等軟體的操作方法，後來被指責與時代不符，而且學生們也不感興趣，因為這種大眾化軟體學生早就會使用。而電腦科學這門課教授的是程式設計，到小學六年級為止，至少要熟悉一種以上的程式語言；國中畢業之前，則至少要掌握兩種以上。此外，學生還將學習邏輯思考、演算法理解、數據分析等以電腦為基礎的多種技能。

韓國自2018年開始，也將程式設計這門科目納入學校

義務教育中*，但授課時間短且教學品質低落。負責講課的教師不是軟體方面的專業人才，而是讓現有教師接受短期研修後進行教學，以致於跟不上持續改變和進化的程式語言，最終淪為敷衍了事。學校教育裡的程式設計課有很大的侷限性，課外輔導亦然。為了拿高分的升學考試風格教育法，無論內容是程式設計還是其他，都很難取得優秀的成果。因此，由父母陪伴孩子學習也是一種方式。只要熟悉基本的知識，就可以透過Google搜尋進一步詢問、學習自己不懂的部分。接觸程式設計的重點不在於學會編碼技巧，而是藉此提高邏輯思考和解決問題的能力。

　　2020年2月初，一款名為「CoronaNow」的手機應用程式和網站問世，是將韓國國內外新型冠狀病毒確診及死亡人數現況、國內確診者足跡等情報彙整在一起的綜合資訊平臺，開發者為大邱中學三年級的學生崔炯彬（Choi Hyoung Bin）和李燦亨（Lee Chan-hyeong）。兩人都學過程式設計，在大邱確診者遽增時，他們都希望能貢獻一份心力，於是程式設計就成了解決問題的工具。

―――

* 　臺灣自 2018 年起，將程式設計納入「108 課綱」，成為國中及高中生的必修課程。

　　據說他們開發這款應用程式僅花了一週時間，雖然不需要深度研發或專業的程式設計，但面對從未接觸過的事物，過程勢必會遭遇困難。每當碰到問題，他們就會透過Google尋找解方，而這樣的態度，就是我們學習程式設計最大的理由——不是只仰賴學過的東西，而是以學過的知識為基礎，不懂的部分就邊查邊學。隨著CoronaNow的使用者愈來愈多，崔炯彬和李燦亨逐漸聲名大噪，甚至還獲得獎金，而他們選擇捐出數千萬韓元。

　　崔炯彬從國中一年級開始接觸程式開發，創建了國語課上同學可以互相交流小組報告並留言的網頁。而此處值得關注的是，學生在面對問題時，選擇以程式設計作為解決之道。不只是學生，大人也應該要學習程式設計。

　　程式設計也可以馬上創造出工作崗位。三星青年SW學院於2018年12月展開首次培訓，這項課程是三星和韓國僱傭勞動部為了青年就業和職缺釋出所開設的CSR（企業社會責任）專案，每天進行八小時課程，一年總共1600個小時。由於目標是培養出能夠立即投入工作現場的程式開發者，因此教學時會採用和實務環境相同的開發方式及實戰項目。此外，課程裡也有和企業合作的產學計畫，有

機會到工作現場累積經驗。

　　截至 2020 年 12 月，這項培訓進行了三期，共有 1623 人結業，其中約 62% 的人分別於 370 多間企業就職。除了三星電子之外，還有 Kakao、Naver、現代汽車、新韓銀行、現代信用卡等大企業和金融圈、IT 產業等，而新韓銀行、新世界 I&C 等 60 多家企業，更針對三星青年 SW 學院結業的學生，提供了免除應徵時的書面審查及程式設計測驗等優待。

　　三星青年 SW 學院不只有專攻程式或所謂的工科生才能報名，人文社會學科的非專業生也可以參加，本科系的學生不一定就占有絕對優勢。據統計，在修完三星青年 SW 學院課程後就業的人當中，有 31% 非本科系。回想一下，程式設計的核心在於邏輯思考和問題解決能力，那麼前述的統計數據自然也就不難理解了。這種現象，與 Part 2 浦項工科大學綜合研究所向人文社會學科的學生教授資料科學，打造具有特殊競爭力的資料科學家一脈相承。三星青年 SW 學院的人才特徵是：「具備解決問題的能力，競爭力十足的新一代 SW 人才」。重點不在於寫程式的技巧，而是解決問題的能力。問題解決能力可以找到新的商業模

式，打造出新創產業。

　　缺乏技術就難以生存的時代即將來臨，隨著壽命不斷延長，高齡化社會成為全世界都要面對的現實。老年人口的比例將會逐年上升，以提高出生率來降低老年人口比例的想法欠缺考慮，因為出生率不僅難以提高，這種做法也無法阻止節節上升的老年人口數。此外，機器人、人工智慧、遺傳學和生物工程等，將幫助我們活得更長久、過得更舒適。說到底，未來我們勢必得和機器人共存，不僅要掌握與機器人合作的技能，還要熟悉與機器人一起生活的文化。**就算機器人取代了人力，還是得由人類對其進行有效的管理和運用，唯有熟知技術的人，方能完善管控並駕馭各種機器人和技術。若希望保有人類的優勢，不想在科技面前低頭的話，那麼充分理解和運用新科技就是最佳且唯一的途徑。**

　　人工智慧、機器學習、金融科技、區塊鏈、自動駕駛、智慧城市等，改變我們日常生活和產業的技術多不勝數，請問問看自己究竟理解了多少。不能只是知道基本概念，而是要達到能向他人說明的程度。試著把讀理財書的時間減半，多花些時間看科技類的書籍吧。經濟和金融相

關知識雖然不可或缺，但只關注眼前財產增值的態度相當危險。日後，對科技的理解將會成為所有財富的基石。

金錢：
若不瞭解金錢，所有的學習都是白費！

　　本節的主題訂為「金錢」，但嚴格來說，我們要學習的是金融與經濟。韓國人金融文盲（Financial Illiteracy）的情況相當嚴重，但每隔一段時間就會掀起理財熱潮，全國人民都希望成為富翁，讓金融素養不足的情形顯得格外諷刺。根據韓國銀行和金融監察院進行的〈2018年國民金融理解能力調查結果〉顯示，成年人的金融理解能力為62.2分，低於OECD的平均值64.9分（以2015年為基準）。OECD下屬機構「國際金融教育組織」（International Network on Financial Education，INFE）訂定的最低目標值為66.7分，從未達到正常標準、還低於目標值的這點來看，可見金融文盲的比例有多高。

　　尤其20多歲的年輕人金融理解能力為61.8分，比平均值要來得低，其中調查包括儲蓄等金融商品選擇的金融行

為領域為 58.4 分，測定消費和儲蓄偏好度與理解度的金融態度領域為 57.7 分。如果把這樣的分數轉換為學分，那就是 F。20 多歲年輕人的金融態度在所有年齡層中最低，甚至還低於 70 多歲的老年人。

值得注意的是，低收入階層和年輕人的金融理解能力分數特別低；相反地，收入愈高者分數也就愈高。換句話說，高收入者不僅所得較多，在金融投資方面也表現良好，因此資產會持續增值。由此可見，兩極化不僅出現在收入差距上，還會跟著影響對金融的理解。並不是說凡事都要計較金錢，而是唯有正確理解金錢，才能進行穩定的經濟活動，減少關於養老問題的擔憂。至少不會拖累他人，可以獨力維持生計。

金融文盲經常成為詐騙集團的目標。金融詐騙受害者中，有很多青少年、大學生或準備就業的新鮮人。詐騙犯很清楚這些對象是缺乏金融知識的金融文盲，甚至會透過社群網路接近他們。其實只要稍微想一下，就可以很明確地分辨出不合理的詐騙，但金融文盲們通常連這些都無法察覺。以貸款為名義的詐騙案中，20 ～ 30 歲受害者損失的金額從 2017 年的 391 億韓元（約 8.6 億新臺幣），上升到

2018年的544億韓元（約12億新臺幣）。而電話詐騙案中，20～30歲受害者的損失金額也不斷增加，2016年為637億韓元（約14.1億新臺幣），2017年為768億韓元（約17億臺幣），2018年則為915億韓元（約20.2億新臺幣）。

　　也有些人因為急需用錢而向地下錢莊借高利貸，導致事情一發不可收拾。由於對金錢沒有概念，將債務想得過於簡單，尤其是20多歲的年輕人格外嚴重。在沒有接受過金融和經濟教育的前提下，他們對於金錢顯得無知又天真，不僅容易被詐騙，還會因為覬覦股票或比特幣等可一夕致富的賭博性投資，導致損失鉅額資金或負債，淪為信用不良者或弱勢階層。這些人不僅失去了金錢，人生也可能就此一蹶糊塗，對個人和整體社會而言都是一種損失。美國、英國、加拿大等先進國家，在學校教育中把金融教育義務化不是沒有理由的，因為日常生活中最需要學習的課題就是金錢。

　　不識字的文盲在生活中有諸多不便，但金融文盲則是難以生存。金融文盲比文盲更可怕。

　　這是四度（1987 ～ 2006）連任美國聯邦準備理事會
（Federal Reserve Board）主席的經濟學家艾倫・葛林斯潘
（Alan Greenspan）提出的觀點。葛林斯潘曾經考進茱莉亞
音樂學院，專攻單簧管，後來才轉到紐約大學的經濟系。
由於葛林斯潘的父親是股票經紀人，所以他在五歲時就已
從父親身上學到股票、債券及證券公司的運作模式，後來
還學到了儲蓄和貸款等管理資產的方法。由此可見，父母
的角色和周遭環境對孩子有多重要。

　　聯邦準備理事會是美國聯邦準備系統的最高決策機
構，主席的任期為四年，又被稱為「世界經濟總統」，在
金融政策上擁有極大的影響力。這個位置在1979 ～ 1987
年由保羅・伏克爾（Paul Volcker）擔任，1987 ～ 2006年
由艾倫・葛林斯潘擔任，2006 ～ 2014年為班・柏南克
（Ben Bernanke），2014 ～ 2018年為珍妮特・葉倫（Janet
Yellen），令人驚訝的是，這幾位主席都是猶太人。從2018
年開始至今在任的傑洛姆・鮑爾（Jerome Powell）當選主席
時，另一名有力的候選人也是猶太人，40年來首次不是由
猶太人擔任主席，在當時甚至成為話題。此外，珍妮特・
葉倫還被拜登政府提名為財政部長。美國歷屆的財政部長

大多為猶太人，川普執政時期的財政部長史蒂芬‧梅努欽（Steven Mnuchin）也不例外。

世界級金融公司的創辦人或 CEO 中猶太人占了很高的比例，同時也是華爾街的主流勢力。此外，在跨國企業的創辦人和 CEO 當中，也不乏猶太人的身影。以美國的人口計算，猶太人雖然只有 2% 左右，但在美國的 GDP 裡，他們的資產就占了 20%。若放大到全世界來看，猶太人只有 0.2%，但世界億萬富翁就有三分之一是猶太人。為什麼唯獨猶太人能在經濟上取得卓越的成果呢？財富的傳承及牢固的網絡固然有其作用，但經濟教育也是不容忽視的重點。

猶太人從小就由父母親自安排經濟教育，13 歲時會舉辦名為「Bar Mitzvah」的成年禮，這時，父母和親戚們將送上數千至數萬美元不等的禮金，子女們用這些錢來投資股票、債券、定存等金融商品。雖然父母會從旁提出建議，**但最終還是全權交由子女判斷並做出投資決策。這樣的過程就是一種學習，藉此熟悉所謂的實體經濟。**

在韓國，13 歲大約是小學六年級或是國中一年級。試想一下，這個年紀的孩子把數千萬元當作種子基金進行

投資，由於關係到自己的資產，所以勢必得學習金融和經濟。**重點不是透過投資賺到多少錢，而是藉由這樣的過程學習金錢概念和資產管理方法。**

韓國的青少年只把心力放在升學考試上，對金融方面的認識幾近於零，且學到的知識都來自於教科書，這樣的學習不切實際。如果加上花在補習班的學費，金額可能比猶太人成人禮上的禮金還要多，但韓國人選擇把這些錢交給補習班，而猶太人則是透過金融投資為財產增值，同時學習經濟這門課題。升上大學時，猶太人子女可以用自己的存款支付學費，而韓國的大學生則必須申請就學貸款或是花父母的錢。就人生而言，這種差異是非常大的落差。

若想跳脫金融文盲的層次，可以善加利用金融企業舉辦的財經或經濟課程，YouTube上也有許多相關內容，值得參考的書籍更是多不勝數。在具備一定的基礎後，接著要學習的是實體經濟和資產管理。如今這個時代，只要有學習的意志，資源和管道皆相當豐富。

學習經濟的目標不是為了致富，那是熟知金融和投資後隨之而來的成果。我們真正的目的，是要避免因為錢而放棄自己真正想做的事。金錢不是人生的主角，個人的夢

想才是核心。對於不知道自己想做什麼、喜歡什麼的人來說，錢再多也沒有用，充其量不過是用來買豪宅、名車和精品，且這種豪奢的消費方式，無法帶來長久的快樂。用數字看錢的人永遠無法獲得滿足，因為數字沒有上限。錢只是一種道具，真正的快樂是不受金錢約束，盡情享受自己喜歡的事物。

　　理想的生活需要多少錢？是100億，還是1000億呢？其實這都取決於個人。金錢不是為了炫耀給他人看，而是用來滿足自身需求。因此，富有與否不是用他人的眼光來評估，而是要以自己的標準去衡量，生活也是相同的道理。是要被錢牽著鼻子走，還是反過來掌握主導權，這些都不是世界規定好的，而是由你自己來定奪。這樣的態度，說到底還是來自於對金融和金錢的充分理解。富有與否是個人的抉擇，但是，至少要讓自己不落於貧窮。

如果到35歲都還很窮，那就是你的責任。

這句既挑釁又充滿爭議性的話，出自一位在貧窮的環境中長大，最後卻成為億萬富翁的男人——馬雲。他創立了阿里巴巴集團，是中國最有名的企業家，也是全球屈指可數的富豪。

> "
>
> 出身貧困不是你的錯，但至死都還窮困潦倒就是你的責任。
>
> "

這是長期位居世界富豪榜首，至今仍然保持在前三名的比爾‧蓋茲提出的觀點。上述兩段名言的脈絡非常相似，也就是說，千萬別讓自己變得捉襟見肘。

趨勢：敏銳度高只是基本而已

嚴格來說，是對潮流（Trend）和未來（Future）的學習。未來不會突然降臨，總是會給我們一些線索，然後慢慢地到來。不過，對於那些不願面對或學習的人而言，未

來就像是突然出現在眼前一般。假如你對新的變化和趨勢、未來的技術或服務感到陌生的話，就應該要自我反省。只要每天抽出四分之一花在社群媒體上的時間，用來瀏覽電視、YouTube或網路上的新聞，就能成為一名不畏懼趨勢變化的人。在瞬息萬變的時代，對趨勢的敏銳度是必備的基本要件。英國哲學家法蘭西斯・培根（Francis Bacon）曾說「知識就是力量」（Scientia est Potentia），這句話在未來仍然有效。對趨勢和未來敏銳的人，知道選擇哪種職業才能占據優勢，在決定學習哪些事物、購買什麼股票或投資等，都能自己判斷出有利的方向。**趨勢觀察是最切合生活、用途最廣泛的課題，也最需要堅持不懈的學習態度。**

在趨勢和未來中最重要的議題就是新科技，因為現在是科技支配產業，改變經濟和日常的時代。說到底，對於科技的學習也有助於掌握趨勢和未來：哪些技術會在今年邁向商業化？該技術明年又將如何發展？尤其是與產業密切相關的技術趨勢，特別需要進一步留意。例如和電動汽車有關的電池技術會如何進化？在金融科技領域將引進哪些新技術？產業的腳步和從中獲利、虧損的企業，將會據

此而形成差異。只要掌握好這些資訊，就能在投資方面無往不利，也能和金錢連結在一起，這就是未來和趨勢之學習。

在趨勢和未來中的另一個焦點，就是具有影響力的國際企業的動態，因為他們對事業的規劃將會對經濟和生活造成影響。此外，政策也是值得關注的項目，從韓國、美國、中國到日本，根據政府提出的政策，以及在預算編制中增加和減少哪些部分，都會導致趨勢產生變化。因此，企業和利益團體向政界遊說、鼓吹或阻擋哪些政策等，都是必須留心的細節。最後，還要觀察社會和文化方面出現什麼樣的熱門議題，因為這些都會影響我們的欲望、消費和商業變化。

也許有人會反問：「這些到底要怎麼切入呢？」沒錯，這就是趨勢分析家或趨勢研究所負責的工作。各位應該從趨勢分析家提供的訊息開始，抽空閱讀一些與趨勢和未來相關的書籍、雜誌或報告，藉此培養自己的敏銳度。如果一個人讀不下去，可以組成讀書會彼此切磋。趨勢和未來的學習重點在於拓展視野，並且持續吸收新的技術和議題。因此，不要只看一年出版一次的報告書，應該隨時隨

地處於學習狀態，這樣長期積累下來的眼光和素質，將成為判斷和決策的強大後援。

在接觸趨勢預測的相關內容時，不要盲目地背誦，**必須抱有4C之一的批判性思維──思考並分析對方「為什麼做出那樣的預測」**。藉由辨析過去和現在，可以觀察邏輯上的蓋然性和可能性，並開始評估對方預測的情況會對自己產生什麼影響，日後又該如何應對。

只用「預測正確還是錯誤」的方式計較結果，對自己不會有任何好處。即使對方的預測失真，也可以透過其分析來提升個人洞察力，有效減少對未來的不安。**說到底，比起盲目地相信預測，我們更需要的是理解背後一連串的分析**，「未來」不會完全與「過去」和「現在」無關，其中必定有所連結。若能明確地掌握「現在」，「未來」將逐漸變得清晰可見。

心理學中有這樣一句話：「預測未來行為的最佳方式，就是觀察其過去的行為。」趨勢也是同樣的道理。過去經常是說明現在和未來趨勢的最佳指標，因為趨勢並不會突然出現或消失，而是過去、現在與未來潮流的連結，也和我們的生活方式、政治、經濟、社會、文化等社會結構緊

密相連。

「未來不是用來預測的，而是用來創造。」這是管理學領域中有名的格言。所謂的「未來」，就是根據今日的作為而有所不同。這句話的意思是：與其順應他人創造的未來，不如由自己創造對自己有利的前景。

這兩句名言並未互相牴觸，也都可以用來說明趨勢。趨勢有兩條脈絡：一是從過去延續到現在和未來的潮流，二則是現在累積而成的結果。在研習趨勢和未來的過程裡，自然會同時提升歷史和社會學方面的知識，有效的學習總是環環相扣。

趨勢分析是透過理解某項議題的原因和背景，進而掌握圍繞該議題的因果關係，並以多元的角度來剖析社會。而分析也是從假設開始，接著用具體的根據和邏輯上的合理性進行佐證，藉此說服他人。趨勢分析不像數學一樣可以套公式得出解答，也無法像在實驗室一般，在設定好的環境中進行研究。趨勢分析研究的對象是活動中的人類，以及人類互相聯繫組成的社會。而這樣的社會不是用理性和邏輯就一定說得通，有機生成的各領域彷如生命體一般不斷湧出變數，研究時必須持續保持關注。

趨勢和未來不是只要背誦就好，而是實驗型的科目，理解背景和方向比什麼都還重要，而且必須代入個人的情況做解釋。因此，**在剖析趨勢議題時，一定要廣泛地進行觀察與分析，將自己置於所有解說的中心。我們學習的目的不是為了他人，而是為了自己**，所以，無論面對什麼樣的趨勢和議題，都要優先套用到自己身上，然後再思考該如何應對。

這是習慣，也是態度。我從小開始就透過報紙和雜誌接觸新興熱門議題，以此來寫文章並進行討論，加深對議題的認識和想法。我成為趨勢分析家，踏上研究未來之路的背景之一，就是從小非刻意性地養成了這種習慣和態度，受此影響甚巨。眼界的培養大多無法短期速成，唯有努力不懈地堅持，才能成為派得上用場的能力。

藝術：生活的價值並非只靠金錢衡量！

在機器人和自動化代替人力，勞動邁入終結的時代，我們應該試著思考少了工作的人生樣貌。對人類而言，勞動是不可或缺的一環，但若未來不再需要工作，生活的重

心要放在哪裡？我想是人文和藝術。人類不僅透過勞動解決生計問題，也藉由工作達成自我實現，勞動和職業可謂人生最重要的需求之一。倘若這項條件受到動搖，我們的生活方向也會跟著搖擺不定，而此時能夠助自己找回重心的，就是「藝術」。

　　這裡指的不是要學習成為藝術家，而是要懂得如何充分享受藝術，當這種態度變成習慣，自然也有可能成為藝術家。藝術家應該另當別論嗎？其實不管是誰，只要深化自己追求的藝術價值，在與他人共享該價值的瞬間，就等同於是藝術家。成為藝術家不一定要具備什麼樣的資格，藝術菁英主義也正在消失，過去他們之間曾經存在著像聯盟一樣的集團，但如今正逐一被打破。除了受到社群媒體影響之外，對Z世代來說，針對藝術和藝術家的固有觀念也正在瓦解，且這樣的情形在α世代（Z世代後的下一個世代）將更為明顯。

　　透過已成為大規模產業的網路小說、網路漫畫和社群媒體，流行藝術和表演將進一步擴大，所有人都有機會成為設計師、攝影師或影片導演。在這樣的時代，如果只依賴舊有的觀念，或是只用菁英主義來看待藝術，無法輕鬆

地享受其中的話，最終必然是自己的損失。

　　音樂、美術、電影、文學、舞蹈、建築等都可以，必須懂得享受這些興趣。藝術既是非勞動社會中的人生伴侶，其價值也是機器人和自動化絕對無法超越的領域。就算機器人能夠模仿得極為相似，也不過是停留在人類已創造出的範圍之內，並非原創的內容。不管是人類或機器人，非原創的內容都難以取得高度評價，因此，讓人類得以活得最像人類的行為，就是藝術。

　　許多人認為，在勞動終結的時代，藝術是最能維持人類競爭力的領域。因為人工智慧和機器人雖然可以神不知鬼不覺地模仿名家之作，但這種模仿無法成為藝術的主流。不過，上述推論只適用於頂尖名家，占有獨一無二優勢的藝術大師約為1%，就算範圍再放寬計算，也不過只有10%。除此之外，就算是藝術領域，也很有可能會被人工智慧和機器人取代。

　　事實上，在藝術和創作的過程中，也有不少反覆和規律性的動作。假如由人工智慧來演奏音樂，可能會比人類更加準確，失誤率也更低。說到底，在藝術的功能和技術方面，人工智慧和機器人完全有機會凌駕或取代人力。

　　儘管如此，藝術還是人類應該守護到最後的一方淨土，不是透過菁英藝術來實現，而是要養成每個人全方位享受藝術的文化。所謂「享受藝術」，指的不是要成為該領域的專家，或是從事相關職業，藉由學習樂器、繪畫、寫作或攝影等，我們可以享受個人的閒暇時光，即使未來邁入勞動終結的時代，也可以藉此實現自我。學習藝術的目的不是為了工作或賺錢，單純只是為了從中尋找快樂。

　　有些人總是強調要累積藝術素養，但實際上卻以應試風格來看待藝術。例如忙著把子女帶到美術館去進行導覽的父母，這種類型最讓人看不下去，不只解說的內容錯漏百出，而且經常以典型的背誦風格轉述片面事實。這種不專業的導覽，不僅妨礙孩子欣賞作品，還可能造成他們對美術館或藝術失去興趣。

　　東京著名的觀光景點吉卜力美術館原則上禁止拍照，這座美術館是由宮崎駿導演的吉卜力工作室所打造，該團隊曾經創作過《龍貓》、《神隱少女》、《霍爾的移動城堡》等熱門動畫。館內除了重現吉卜力工作室，還原封不動地展示了動畫製作的原理及過程。吉卜力美術館禁止拍照的理由，並非為了保護自家的作品和創意，而是希望能夠讓

孩子們盡情玩耍、參觀，不是被父母要求擺各種姿勢拍照留念。

此外，館內播放的動畫短片，不是將已經發行的知名作品拼湊在一起，或者是剪輯後再播出，而是每個月製作一部新的動畫，相當於專為前來參觀美術館的旅客們準備，且令人驚訝的是，每部動畫片的製作費都高達數十億韓元。這種經營方式，讓人不禁感嘆美術館不是在利用吉

圖為正在欣賞金煥基作品的民眾。「藝術」是職業學生的必修課之一，在人力逐漸被機器人和自動化取代的勞動終結時代，藝術不僅可以穩住搖擺的生活方向，也是應對未來最快樂的方式。（出處：韓聯社）

卜力工作室的名氣和作品賺錢，而是打造了讓孩子們對動畫片萌生興趣的創意體驗環境。雖然不曉得館方真正的目的和想法（也與事實無關），但他們的做法的確值得讚賞，更是父母們應該效仿的態度。

創造力和藝術感性是在自己享受和投入的狀況下培養出來的，為此需要投資時間和金錢。平常經常觀看展覽或公演的人，一定會比毫無接觸的人更具優勢，因為在長期的耳濡目染下，自然而然會累積出感性，這是無法透過教科書學習的。無論再怎樣閱讀導覽說明，都比不上親身聆賞後所獲得的感受。我們需要的藝術，不是為了應付考試的學習。

每年在首爾舉行的展覽至少超過數千個，我們不必為此長途奔波，且即使是收費型的展覽，很多也只要省下一杯咖啡的錢就可以入場；當然，免費展覽也是多不勝數。而歌劇、芭蕾、古典樂演奏會等，每年也至少會舉辦數千場以上。此外，在首爾就有朝鮮時代的韓屋、世界建築大師的傑作，以及新銳建築師的風格建築等。欣賞建築物不必支出任何費用，只要養成四處踏訪的習慣即可，如此一來，創造力和藝術感性就會不斷地積累。樂器演奏、芭

蕾、美術、陶藝或文學等，可以直接向創作者請益的機會不勝枚舉，各地方自治團體或公共機關都設有費用低廉的課程，YouTube上也有許多相關內容，可以免費學習，且藝術領域的書籍更是唾手可得。處於如此便利的環境，還不願意與藝術親近嗎？這不僅是子女教育中重要的一環，大人也同樣不該置身事外。藝術學習，是應對未來最快樂的方法。

生存力：
無論處於何種環境，都必須存活下來！

　　在經歷新冠疫情的大流行之後，不少人開始對危機升起了警覺心，但依然有些人處於麻木不仁的狀態。繼新冠病毒之後，未來還是有可能出現新的傳染病，並引發大規模傳染。此外，全球暖化帶來的危機也將更為顯著，氣候異常甚至可能成為未來新常態，對人類的生存形成威脅。在經歷新冠病毒大流行之後，各國為了拯救低迷的經濟，紛紛投入巨額資金加以扶持，這種做法很有可能招來新一波的經濟危機，因利己主義爆發國際矛盾和紛爭的可能性

也愈來愈大。貧富兩極化加劇，政治上的極右化和集體利己主義也到達危險的程度。**圍繞在身邊的種種危機，進一步使我們陷入嚴重困境的可能性增加，同時機器人和自動化替代人力，造成職缺減少的情況也更加嚴重──這便是我們即將要面臨的現實和未來。**

我們要懂得為了生存而活。不是強者才得以生存，而是活下來的人方為強者。若想生存下去，最終都需要適應和進化。所謂的「適者生存」相當殘酷，也就是說，如果不能立即適應新的變化，敦促自己進步，就只能在社會中被淘汰。假如你希望自己的子女未來也能堂堂正正地生活，那麼與其給予金錢上的支援，培養他們的生存力將更為重要。

財閥或高層政治家、高所得家庭的子女雖然較具優勢，但也並非所有人都能成功。他們因為在溫室裡長大而缺乏生存力，很多人甚至還捲入毒品、詐騙等事件中，讓父母陷入窘境。這種情況，通常歸咎於父母沒有培養孩子獨力生存的能力。在全球富豪當中，有些人會選擇留最少的遺產給子女，或是將孩子送去留學時，讓他們透過打工自己賺取生活費。因為比起留下大筆財產給子女，不如教

會他們獨力生存來得更有價值。

在非洲的塞倫蓋蒂地區，絕對強者獅子的生存率平均為20%，而相對弱勢的草食動物的生存率，卻反而高達30～40%。因為無論速度多快、多強大的猛獸，也不是每次狩獵都一定能夠成功，而再怎麼弱小的草食動物，只要提早發現靠近的威脅，頑強地抵抗、逃跑的話，就得以生存下來。草食動物在捕食者的威脅下會大量繁殖，並採取犧牲少數以拯救多數的生存戰略。強者不一定就活得長久，盡己所能且擁有生存力者才是長壽的一方。假如獅子同時具備草食動物的生存本能，情況又會變得如何呢？

由這一點來看，生存力是最現實的課題。日常生活中我們必須面對各種危機，因此，無論是動物的生存本能，還是社會和經濟方面的生存能力，對我們而言缺一不可。**有獲勝經驗的人通常容易占上風，有戰鬥經驗的人也更懂得如何打仗。唯有累積對抗與戰勝危機的經驗，生存能力才會跟著提升。**

生存力最重要的是擁有自信，我指的不是盲目自大，而是要具備足夠的競爭力，讓自己能夠相信自己。不必在意他人的看法，應該把重心放在自我評價上，因為欺騙他

人很容易，但自我欺騙卻是難上加難。

　　其次是決斷。時機總是相當重要，所謂「時機」指的並非運氣，而是決斷和判斷的產物。如果經常猶豫不決導致錯失良機，就只會不斷地面臨困境。決斷力不是與生俱來的，是透過訓練累積而成，就像在金錢學習一節中提到投資經驗有助於培養決斷力一般，在某種情況下直接做出判斷，並承擔隨之而來的結果，這種態度就是訓練決斷力的過程。比起學校教育和課後輔導，這樣的態度在家庭教育中更容易養成，例如父母對子女的引導，或是夫妻之間互相學習。

　　若在前述的科技、金錢、趨勢、藝術等方面奠定良好的基礎，生存力的積累也將更加容易。知識就是力量，瞭解得愈是透徹，在社會和經濟上的生存力必然強盛。

　　「公司是戰場？在被淘汰之前千萬別離開，公司外面才是地獄。」這是電視劇《未生》的經典名句之一，也是上班族最有感的臺詞，深刻描繪出上班族害怕辭職創業，最後卻落得倒閉的下場。然而，不必對此過於焦慮，因為在那樣的地獄裡，還是有人存活了下來。那些人在短短幾年內，就獲得了當一輩子員工也無法賺到的財富和成就。

　　知識工作者的價值不是由年齡來決定，而是取決於實力。假如實力和機會兼具，但自己卻拒絕挑戰，選擇堅守在原地，那麼先前擁有的實力也會逐漸貶值。我們所說的生存力不是勉強撐著的生存，而是真正發揮自身價值並逐步前進。挑戰也講求時機，如果因為害怕而留在原地，很可能就徹底失去挑戰的良機。等著盼著，回首時已年屆耳順之年。

　　在百歲時代蔚為話題的今日，人類平均壽命已超過85歲，就算硬撐到60歲，晚年的生計問題也無法獲得解決。在現今社會，至少要工作到70歲以上，換句話說，我們必須不斷培養自己的競爭力，繼續進行新的挑戰。如果因為害怕挑戰而裹足不前，就會錯過黃金時期，這種困境才是真正的地獄。所謂的生存力，就是足以對抗並戰勝危機的能量。

　　2020年3月初，韓國綜合股價指數（KOSPI）為2000點，在宣布新冠病毒大流行之後，3月中旬降到了1400點。有些人將此視為機會購入股票，但也有很多人只是原地觀望，沒有付諸行動。那些戰勝恐懼、勇於挑戰的人最後怎麼樣了呢？ KOSPI在3月底反彈至1700點，4月超過

了1800點，甚至突破1900點，5月則超過2000點，回復到疫情大流行之前的水平。後來股價指數又持續上升，在2021年1月初突破3100點，在不到10個月的時間裡，KOSPI就上漲了兩倍以上。在個別項目中也有上漲好幾倍的，不少股票更新了申報價格。不屈服於恐懼，選擇勇敢挑戰的人，在這段期間獲得了驚人的收益。

勇於挑戰的決斷力也是能力之一，無能的人不敢踏出去，只是看著他人挑戰後獲得的巨額收益，在一旁眼紅。創業也是相同道理，看到他人提出有趣的商業創意，在短期內成為焦點且成果豐碩時，就會有數千人跑出來說自己以前也有過類似的想法。這些都是在挑戰成功的人背後，基於眼紅而自我安慰的辯解。不論有多好的創意，只要不付諸執行就等於零，只是憑空想像的話，每個人似乎都有機會成為操盤高手或富豪，但想像和實行猶如天壤之別。最終只有勇於決斷並付諸行動，在危機中抗爭的人，才可能斬獲成功。

「Underdog」原本指的是在體育競賽中奪冠及獲勝可能性較低的球隊或選手，也就是弱者的意思，同時亦用來指稱生存競爭中的失敗者、落伍者，或是被社會否定、

迫害的犧牲者，與最近在韓國流行的詞彙「土湯匙」意思相通。與此相反，「Overdog」代表著統治階級的一員，而「Topdog」則用來指稱勝利者或占據優勢的一方。

　　以狗來比喻勝利者和失敗者，這種說法相傳來自於鬥狗場上獲勝的狗俯視群雄，輸的一方則癱倒在地，也有一說是源自於獵犬訓練。據說在訓練壓制熊的獵犬時，會引導凶猛的狗攻擊熊的頭部，較弱的犬隻則攻擊熊的下肢。當然，攻擊下肢的Underdog死亡的機率更高，等於是犧牲了下方的犬隻，讓位於上方的Topdog成功壓制熊。

　　無論是獵犬或人類的世界，強者總是位於備受矚目的位置，在生活方面也更加具有優勢。相反地，弱者則經常被迫犧牲。在這世界上，弱者占多數，強者為少數，而強者一直以來都維持對自己有利的規則，堅守自身的地位。不過，新常態時代將會是改變秩序的時機，當世界發生巨變與混亂時，對Underdog來說就是機會。

　　「一無所有的人終將獲得勝利」，如果把這句話稍微改一下，就更加完美了──「無所畏懼的人終將獲得勝利」。假如「一無所有」，那麼就該「無所畏懼」地往前衝，如此一來方能獲勝。在一無所有的情況下，還要畏首畏尾、猶

豫不決,只依賴過去的習慣,一昧地怨天尤人或追究結構性問題嗎?政府和政策不會解決你的無能,也不會為你實現夢想。勉強地維持生計,絕對不是你人生的目標。

　　一無所有的人,最需要的就是勇往直前的戰鬥者特質。這個世界並不單純,在如叢林般的戰場上,若誤以為順從的奴性等於善良,就絕對不可能在戰鬥中取勝。一無所有(既得利益)的人沒有什麼可以失去,不會為了守護個人領域而失去理性。金錢、地位、名譽等,想要堅守的東西愈多,就愈難大膽地放手挑戰。相對保守的話,就愈容易趨於消極。而一無所有的人如果也態度保守、消極,便讓人感到惋惜,因為明明沒有什麼可失去的,想守護現有狀態本身就是件荒謬的事。當然,也許某些人對這種狀態深感滿足,但千萬別把自己的懦弱包裝成樸實。

　　沒有人脈(後臺)也是一種機會,優點在於可以擺脫利害關係鏈,不必守護既得利益。能夠為了自己的信念而全心投入,是Underdog最具殺傷力的武器,假如牽涉到的層面很廣,需要顧慮的人也很多,就絕對難以集中心力進行挑戰。若身邊充滿優秀的人脈,一定能在社會上占有優勢,未來也是如此。不過,如今就算缺乏人脈,也不再像

以前那樣絕對處於劣勢。假如具備出色的能力，沒有人脈也可以創造出機會。因此，千萬別埋怨自己因為缺乏人脈而無法成功，或是家境不好而苦無良機，怨天尤人並不會有什麼改變。生存取決於行動，而累積生存力的關鍵，就在於培養執行力。

結語
在權衡利弊的同時，也要學會包容

老實說，一直以來我們的學習都是以利己為出發點，比起服務他人或拯救世界，我們的目的大多是追求個人成功和出人頭地。在談到子女的交友關係時，通常也以自己的孩子為中心，希望他們能結交益友，建立有助於培養社會性的人際網絡，而不是在同儕發展社交技能時當陪襯。

以個人角度看待教育時，必定會優先採取這種觀點，一心只想在競爭中獲勝，而非考慮共存共榮或聯手合作。比起慷慨地幫助、照顧朋友，成為一位善良的人，只要能取得好成績、考上一流大學的話，即使稍微自私一點也無所謂。在談論未來教育時，我們也僅從個人的視角出發，而不是從社會的角度考慮，只關心自己或子女應該學些什麼才更有利。

個人以自我發展的觀點來看待教育無可厚非，一般只

有相關的專家或擬定政策者，才會用社會或經濟的觀點分析教育，因為這是與自己的未來、職業和利益密切相關的問題。比起喊著共存共榮的口號，自己先過上好日子才更為實際。那麼，今後在進修時也要繼續以自我為中心、凡事計較得失嗎？

　貪欲和自私不是本能，這些也是經由學習而來，像是被教導「即使踐踏他人，也要在競爭中取勝」，或是「只要我過得好就行了」。因此，雖然有很多人既聰明又出身名校，但卻處處顯露出邪惡和貪婪，對社會帶來相當大的危害。必須改變學習方向的原因不僅於此，還有社會和產業結構發生變化，以及 M 型化持續加劇等。

　未來很有可能邁向極端的兩極化，中間階層，也就是所謂的「中產階級」概念將會消失，只剩下少數的上流階層和多數的中下階級。這樣的情形不僅發生在單一國家內部，在國際社會上亦是如此，先進國家和落後國家的差距將進一步擴大，各國優先考慮自己的傾向也可能更加明顯，成為危機的惡性循環。在這樣的時代，學習的方向最終還是要趨於包容：對變化、多樣性、共存共榮的包容等缺一不可。歸根究柢，應對危機還是人類的責任，唯有學

習的目的不再以利己為中心，不執著於追求個人成就，眾人才能一起攜手生存下去。倘若做不到這一點，科幻電影題材中描繪的「反烏托邦」在未來將會成為現實。

總而言之，**培養具有包容心的領導人，必須是現在父母們教育子女的首要目標。不僅是孩子，上班族也需要包容性地學習**，獨斷專行的時代已經結束了，也不能再像過去那樣踩著別人往上爬。如今的時代，說過什麼話、做過什麼事都會攤在陽光下，過去犯下的錯誤也會造成致命的影響。未來，人品不佳的人難以成為人才，也不可能成為領導者。原因不是人類變得比以前善良和正義，而是時代逐步在進化。多樣性和包容性不是一種選擇，而是不可或缺的條件。

此外，學習本身就是對世界的「借債」。我們透過學習，汲取了許多人花費時間和精力，反覆失敗後所獲得的結果。知識是集體的智慧，也是社會創造的產物，因此，「學習」本身就是欠社會人情債，倘若藏有私心和貪欲，著實會令人感到不齒。老一輩或許沒有差別，但未來就不一樣了，如果放任社會變得兩極化，最終所有人都會蒙受損害。

　　第二個目標：學習保護自己。唯有自己能做好，具備一定的能力，才不會給他人添麻煩。能力是付諸行動後得來的結果，不是只要有意志就可以。無能不僅對個人有害，也會成為整個社會的負擔，因此，我們必須學習如何照顧自己，成為有能力自保之人。實用性的知識在未來不可或缺，理當要繼續吸收新的技術和技能。別再為了應付考試才念書，而是要為自己的將來著想。

　　過去有很多人必須在他人的督促下才會念書，或者學習內容只侷限在對方規定的範圍。如今，學習不能再只靠他人指使，應該自己決定自己想學什麼，養成積極的態度。如果不主動學習如何保護自己，就是個不負責任的人。不管在過去、現在或未來，學習都是最佳武器，不過，未來自己必須徹底成為人生的主角，挑選符合自身性向的領域進行學習。

　　必須累積實力，讓自己無論碰到任何危機都能獨立生存，政府和社會對個人的保護有限，公正、平等、共榮等口號雖然很美好，但在生活中卻很難實現。不管政府、政治和社會如何努力，公正、平等和共榮都不可能達到完善的地步，光是要做得比現在好就需要很長一段時間，我們

不能把希望寄託於此。在不公正、不平等，且難以共存共榮的社會裡，值得信任的只有自身實力。與其盼望社會替我們鋪路，不如盡快培養自己的實力，打破橫亙在公正與平等之間的壁壘。

在本書中提到的學習，大多還是以個人為出發點。改變世界、讓社會趨於美好固然重要，但若想實現目標，個人的力量終究有限。因此，折衷之道還是先守護好自己，當你有足夠的力量保護自己時，世界也會跟著翻轉。

第三個目標：學習理解自己，如果連你也不瞭解自己，那麼更不可能會有人懂你。你的子女擅長什麼、想做什麼，以及你本人的專長和目標，這些都不是他人可以得知的。與其花錢諮商，不如自己投入時間、努力和金錢去尋找答案，將小學、國中、高中12年為了應試而投入在課後輔導的費用，挪一半來找出自己真正喜歡的事物，當作是花在各種經驗上的機會成本吧——這就是我們能給子女的最佳教育和禮物。此外，即使已經成年了也不嫌晚，在學習瞭解自己的過程裡，永遠沒有「太遲」兩個字。

沒有目的地的航行既茫然又空虛，為了明確決定目標，我們至少要先瞭解自己。不要因為新聞報導哪一個行

業前途似錦，就隨興決定自己的未來，也不要按照自己的
成績隨意決定科系和出路。與他人無關，這是你的人生，
獨一無二的你要活出屬於自己的精彩。

　　本書出版後，針對子女的前途或個人的職業，我想一
定還是有許多人執意要提問，甚至會把我的信箱塞爆。這
些人的問題通常千篇一律，都是要求我具體地告訴他們孩
子選什麼科系好？該上哪間大學？或是未來找什麼樣的職
業比較有利。我在此預先回答：首先，我對你一無所知，
不知道你擅長什麼、喜歡什麼，又擁有什麼樣的夢想。對
素未謀面的人提出建議，這幾乎是不可能的。沒有哪一個
科系或職業絕對出色，而且還適合所有人。如果硬要作
答，我只能說：考到全校第一，然後進首爾大學醫學院或
是麻省理工學院。這個答案雖然不算錯，但一定不是你們
想聽的回答。

　　我不是在為你挑衣服，不滿意的話只要換一件就好，
或是選錯了也不會出什麼大的差錯。這些問題關係到前途
和人生，你和孩子具有怎樣的特質，喜歡什麼或擅長哪些
事物，都只有你們最清楚，因為你們就是當事人。如果連
你們都不瞭解自己，那麼在這世界上也絕對沒有人會懂。

　　第四個目標：不要只著重應試技巧，應該學習真正實用的知識。並非只要具備入門技巧就好，還必須進一步深入學習解決問題的核心技能。提高成績的學習法、考上名校的讀書祕訣、通過就業考試或面試技巧等，假如過去的你只關心應試法則，那麼現在應該嘗試把重心轉移到真正的學習。上述的那些技巧，都僅把焦點放在如何取得入場券，但對於往後的生活完全沒有幫助。真正的重頭戲是在進入職場之後，因為那才是能夠實際創造成果並取得成功的階段。到頭來，這就是我們必須成為職業學生的關鍵原因。躊躇不前的人難以有長足的進展，未來也只會變得更加不安。

　　你在人生中的哪一個時期，投入最多時間和精力學習呢？是就讀國高中的10幾歲時，還是上大學準備就業的20多歲呢？如果80～90%落在10～20多歲那個階段，就應該自我反省。過去也許無所謂，但現在如果還抱持著相同態度，一定會遭遇嚴重的困境。為了將來的日子，30歲、40歲、50歲或60歲，學習的品質應該要比10～20多歲時更高。成為職業學生，即代表不會安於現狀，將果敢地放下身段和年齡，這些都需要勇氣。接著，要徹底放

棄短期速成的補習班學習法，因為日後應試技巧將不再重要，需要的是正確的理解和實踐。

本書提出了幾項學習的方向和戰略，無論怎麼努力，如果方向和戰略錯誤，都只是在浪費時間、金錢和精力。因此，這本書的出版，就是希望能幫助你少走些冤枉路。但願你能學會好好守護自己，雖然現在無法斷言未來，但有一點非常明確——缺乏實力的人，未來將會更加殘酷和艱難。即使埋怨世界、責怪他人或歸咎於時代，人生也不會有所改變，倒不如把那些怨天尤人的時間和精力省下來，投資在對自己有實質利益的學習上。個人能夠擁有的唯一武器，就是實力。

最後我想再問一句：

「你希望自己成為怎樣的人？」

相信你不會希望自己活得庸庸碌碌，最後被所有人忘記；或是曾經風光一時，最終卻只能無所事事；又或者成績出色，卻被人認定為貪婪又無能。**假如你想如願讓世界記住你，就必須繼續追求成長，成為所謂的「職業學生」！**

參考文獻

|||||||||||||||||||||||||||||||||||||||||||

Part 1.
真正危機的開始！有實力者方能生存

— 【獨家】湯馬斯・佛里曼：「繼新冠病毒之後，下一個大災難 將是氣候變遷。」（2020.12.21，每日經濟新聞）
— 世宗市迅速崛起，未來的「自動駕駛特色城市」（2020.12.10， 世宗郵報）
— 亞馬遜「Zoox」自動駕駛計程車首亮相，雙向時速120公里 （2020.12.15，朝鮮商務）
— LG「全自動殺菌機器人」，橫掃美國B2B市場（2020.12.20， ETNEWS）
— 【貿易額1兆美元的振興戰士②機器人】200兆韓元的全球市 場競爭，政府與企業攜手推進（2020.12.15，亞洲日報）
— 【2020國政監察】「學派傳承」加深，74% SKY醫學院新生 為高所得層（2020.10.12，EDAILY）
— 2020年醫學院新生中46.4%來自首都圈，首爾占27.7% （2020.10.12，EDAILY）

— 各國應對第四次工業革命的就業政策，首爾大學產業合作團隊（2017.12）

— 2 Billion Jobs to Disappear by 2030, Thomas Frey, Feb 3, 2012, Business Trends

— https://futuristspeaker.com/business-trends/2-billion-jobs-todisappear-by-2030/

— Frey, C. B. & Osborne, M. A.(2013), The Future of Employment: How Susceptible Are Jobs to Computerisation?, Working Paper.

— McKinsey(2017.11), <Jobs lost, jobs gained: Workforce transitions in a time of automation>

— https://www.mckinsey.com/featured-insights/future-of-work/jobslost-jobs-gained-what-the-future-of-work-will-mean-for-jobsskills-and-wages#

— 2020 KPMG AVRI(Autonomous Vehicles Readiness Index), 2020.7, KPMG

— 《100歲的人生戰略》（The 100-Year Life），林達‧葛瑞騰（Lynda Gratton），2016

— 《勞動的終結》（The End of Work），傑瑞米‧里夫金（Jeremy Rifkin），1995

— 《被科技威脅的未來》（Rise of the Robots），馬丁‧福特（Martin Ford），2015

Part 2.
對職業學生來說，大學是什麼？

— 未來10年，全世界將有一半大學會消失（2020.1.20，朝鮮日報）

— 延世大學課堂，一般人也能線上參與（2020.7.7，每日經濟新聞）

— 解除遠距教學限制，擺脫中世紀大學的沒落之路（2020.5.12，朝鮮日報）

— 20年的學習只值500韓元（2004.4.3，每日經濟新聞）

— 【與時齋論壇／前高麗大學校長廉載鎬】SKY文憑將在10年內失去光彩（2020.5.26，yeosijae.org）

— 2030年現存大學將倒閉一半，微型大學成為替代方案（2017.9.17，首爾經濟）

— 明年大學招生名額大於報考人數，5年後大學新生低於40萬人（2019.8.11，韓聯社）

— 2020年60所四年制大學0新生，教育連根動搖（2018.6.18，每日經濟新聞）

— 超速學習時代，網課自學1年修畢MIT 4年課程（2020.11.1，朝鮮日報）

— 拿19世紀方法教育21世紀的學生，「2030年大學將倒閉一半」（2018.7.26，中央日報）

— 浦項工大校長金茂煥：「文理融合教育，培養具備多方面知識的Polymath型人才」（2020.12.8，每日經濟新聞）

— 〈2019韓國社會指標〉，統計廳，2020.6

— 〈2020年OECD的教育指標〉結果發表，教育部，2020.9

— 〈2020年公務員考試準備現況〉調查，2020.1，Job Korea & Albamon

— <Global Biotechnology Report>, 2020.6, MARKETLINE

— Apple CEO Tim Cook explains why you don't need a college degree to be successful, Mar 8, 2019, Businessinsider

— 《大學的終結》（*The End of College: Creating the Future of Learning and the University of Everywhere*），凱文·柯瑞（Kevin Carey），2015

— 《Wealth 3.0: 托佛勒財富革命》（*Revolutionary Wealth*），艾文·托佛勒（Alvin Toffler），2006

— 《教育大未來》（*21st Century Skills*），查爾斯·費德（Charles Fadel）、柏尼·崔林（Bernie Trilling），2009

— 《四次元教育》（*Four-dimensional Education*），查爾斯·費德、柏尼·崔林，2015

— 《生活趨勢2021》，金龍燮，Bookie，2020

— 《Uncontact》，金龍燮，Publion，2020

— 《破壞孩子未來的媽媽》，金龍燮，21世紀Books，2012

— 《PAPER POWER》，金龍變，sallimbooks，2009

— JTBC 電視劇《Sky Castle》，（2018 ～ 2019）

— SBS 電視劇《Penthouse上流戰爭》，（2020）

— Coursera(www.coursera.org)

— Udacity(www.udacity.com)

— Singularity University(su.org)

— OECD(oecd.org)

Part 3.
對職業學生來說，職業＆職場是什麼？

— 社會服務要員僅花30分鐘，解決6個月每天8小時的雜務
（2018.12.18，中央日報）

— 【MASOCON 2019】「設計程式的替代役」，化身為「改變
世界的替代役」（2019.11.23，IT朝鮮）

— 〈利用網路爬蟲自動整理掛號郵件〉，2018.11，潘炳賢，
Brunch(brunch.co.kr/@needleworm/1)

— 微軟：最高支援2500萬名的「社會數位教育」
（2020.11.18，bloter）

— 數位轉型的速度——LG生活健康以「機器人」代行單純的業
務（2020.2.26，etnews）

— 因為念大學而負債累累？不留戀學位的美國年輕人

（2020.1.22，東亞日報）

— College grads earn 80% more—but only 51% of Americans see college as very important, Dec 20 2019, CNBC Makeit

— 不必面對面的祕密武器，機器人同事「R職員」（2020.8.20，LG CNS）

— 【View & Outlook】新冠疫情危機中企業的生存方法——尋找能力強的「十倍力人才」（2020.10.22，每日經濟）

— 新常態來臨！女性工作崗位縮減，線下零售業的終結（2021.1.4，朝鮮日報 Mint）

— 豐田汽車為什麼要推行新的發薪制度？（2020.10.26，HR Insight）

— 韓亞銀行實施「準退休」，僅滿40歲的49名員工離職（2020.7.31，韓聯社）

— 韓亞銀行，滿40歲的「特別退休」（2020.12.17，Money Today）

— 崔泰源的野心之作，SK職員教育平台「My Suni」即將展翅高飛（2020.1.4，東亞日報）

— 相差20歲也同樣是「經理」，重工業掀起的職位＆級別破壞潮（2020.12.26，朝鮮商業）

— 上班途中兼職Uber司機，下班路上兼送外賣——零工經濟的全盛時代（2020.12.24，News1）

— 以「Riskilling」進行改革——殼牌、標普全球、BMW的遠端教學事例（2020.7.28，CIO Korea）

— PwC總裁：「在超競爭的時代，推動世界經濟的四種力量……」（2020.10.20，每日經濟新聞）

— IBM人才招聘的標準不是資格證、畢業證書，而是「技能」（2018.10.31，韓國經濟）

— 【World & Now】矽谷的「Up Skilling」熱潮（2020.11.24，每日經濟）

— 韓國IBM人事部總經理李賢熙：「新領階級，學習敏捷性比學位更重要」（2020.12.11，每日經濟新聞）

— Frey, C. B. & Osborne, M. A.(2013), The Future of Employment: How Susceptible Are Jobs to Computerisation?, Working Paper.

— The Future of Jobs Report 2020, 20 October 2020, World Economic Forum

— http://www3.weforum.org/docs/WEF_Future_of_Jobs_2020.pdf

— Talent Trends 2019 : Upskilling for a digital world, 2019, PwC

— These are the top 10 job skills of tomorrow – and how long it takes to learn them, 21 Oct 2020, World economic Forum

— Employee upskilling & reskilling statistics: Casting light on the trend, 25 Jun 2020, talentlms.com

— https://www.talentlms.com/blog/reskilling-upskilling-trainingstatistics/

— Why skills are keeping CEOs awake at night, 05 Nov 2019, World Economic Forum

— https://home.kpmg/xx/en/home/insights/2020/09/kpmg-2020-ceo-outlook-covid-19-special-edition.html

— https://home.kpmg/xx/en/home/insights/2020/09/harvey-nashkpmg-cio-survey-2020-everything-changed-or-did-it.html

— 《零規則》（*No Rules Rules*），里德‧海斯汀（Reed Hastings）、艾琳‧梅爾（Erin Meyer），2020

— 《給力》（*Powerful: Building a Culture of Freedom and Responsibility*），珮蒂‧麥寇德（Patty McCord），2018

— 《工作遊牧族》（*Jobnomaden*），龔朵拉‧英格莉緒（Gundula Englisch），2001

— 《數位游牧》（*L'homme nomade*），賈克‧阿塔利（Jacques Attali），2003

— 《差異與重複》（*Différence et repetition*），吉爾‧德勒茲（Gilles Deleuze），1968

— 《大象與跳蚤》（*The Elephant and the Flea*），查爾斯‧韓

第（Charles Handy），2001

— 《生活趨勢2021》，金龍燮，Bookie，2020

— 《生活趨勢2020》，金龍燮，Bookie，2019

— 《理直氣壯的決裂》金龍燮，Wonderbox，2016

— https://blog.lgcns.com/2338?category=857802

Part 4.
對職業學生來說，真正的學習是什麼？

— 慈善天使，製作「Corona Now」App的大邱國三學生們
（2020.8.2，韓國日報）

— 開發「Corona Now」App的國中生：「夢想成為新創CEO」
（2020.3.6，VentureSquare）

— 英國：「不懂程式設計，國家就沒有未來」，五歲開始學習程
式語言（2014.3.30，韓國經濟）

— 2025年「AI教育」納入正規課程，教學現場表示質疑
（2020.12.7，朝鮮日報）

— 三星青年SW學院第三期結業，約千餘人就業（2020.12.29，
三星新聞室）

— 新身言書判（2008.10.14，Money Today）

— 向國外專家哈拉瑞提問：人類應該如何明智地活用AI和生物
工程？（2017.7.22，中央日報）

— Restart！但是路線和以前不同（2021.1.3，朝鮮日報Mint）
— 林達・葛瑞騰教授：「培養與AI合作的能力」（2017.9.26，東亞日報）
— 聯邦準備理事會翻盤，打破「猶太人主席」的公式（2017.11.3，韓聯社）
— 〈2018年國民金融理解能力調查結果〉，金融監督院金融教育局，2019.1
— 文盲僅是生活不便，但金融文盲是難以生存（2015.9.1，每日經濟）
— 陷入超貸的20代與低收入戶，「金融文盲」成為攻擊目標（2020.1.8，朝鮮商業）
— 第四次工業革命時代的「勞動」，會被「AI和機器人」代替嗎？（2020.10.2，fnnews）
— Elon Musk: Robots will take your jobs, government will have to pay your wage, 2016.11.4., CNBC
— The Highest-Paid YouTube Stars Of 2020, Dec 18, 2020, Forbes
— https://www.forbes.com/real-time-billionaires/
— 《職場的未來》（*The Shift: The Future of Work Is Already Here*），林達・葛瑞騰，2011
— 《100歲的人生戰略》，林達・葛瑞騰，2016
— 《長壽新人生》（*The New Long Life: A Framework for*

Flourishing in a Changing World），林達・葛瑞騰、安德魯・史考特（Andrew J. Scott），2020

－ 《生活趨勢2021》，金龍燮，Bookie，2020

－ 《Uncontact》，金龍燮，Publion，2020

－ 《眼界大於實力》，金龍燮，Influential，2018

－ 《理直氣壯的決裂》金龍燮，Wonderbox，2016

－ 《生活趨勢2019》，金龍燮，Bookie，2018

－ 《破壞孩子未來的媽媽》，金龍燮，21世紀Books，2012

－ 《奇點臨近》（*The Singularity Is Near*），雷・庫茲威爾（Ray Kurzweil），2005

－ 《人類大命運》（*Homo Deus: A Brief History of Tomorrow*），哈拉瑞（Yuval Noah Harari），2016

－ 《人類不適任的未來》（*Humans Need Not Apply*），傑瑞・卡普蘭 （Jerry Kaplan），2015

好想法 43

懂學的人最後一個被淘汰

擺脫慣性思維，重塑新常態學習策略，做個持續進化的破局者

作　　者：金龍燮
譯　　者：張召儀
責任編輯：簡又婷
校　　對：簡又婷、林佳慧
封面設計：萬勝安
版型設計：Yuju
內頁排版：洪偉傑
寶鼎行銷顧問：劉邦寧

發 行 人：洪祺祥
副總經理：洪偉傑
副總編輯：林佳慧
法律顧問：建大法律事務所
財務顧問：高威會計師事務所
出　　版：日月文化出版股份有限公司
製　　作：寶鼎出版
地　　址：台北市信義路三段 151 號 8 樓
電　　話：(02) 2708-5509　傳真：(02) 2708-6157
客服信箱：service@heliopolis.com.tw
網　　址：www. heliopolis.com.tw
郵撥帳號：19716071 日月文化出版股份有限公司

總 經 銷：聯合發行股份有限公司
電　　話：(02) 2917-8022　傳真：(02) 2915-7212
印　　刷：軒承彩色印刷製版股份有限公司
初　　版：2022 年 11 月
定　　價：350 元
Ｉ Ｓ Ｂ Ｎ：978-626-7164-65-5

國家圖書館出版品預行編目資料

懂學的人最後一個被淘汰：擺脫慣性思維，重塑新常態學習策
略，做個持續進化的破局者／金龍燮著；張召儀譯 . -- 初版 .
-- 臺北市：日月文化出版股份有限公司，2022.11
304 面；14.7×21 公分 . -- (好想法；43)
譯自：프로페셔널 스튜던트

ISBN 978-626-7164-65-5（平裝）

1.CST：自我實現　2.CST：成功法

177.2　　　　　　　　　　　　　　　111014784

日月文化集團 讀者服務部 收

10658 台北市信義路三段151號8樓

對折黏貼後，即可直接郵寄

日月文化網址：**www.heliopolis.com.tw**

最新消息、活動，請參考 FB 粉絲團

大量訂購，另有折扣優惠，請洽客服中心（詳見本頁上方所示連絡方式）。

大好書屋

寶鼎出版

山岳文化

EZ TALK

EZ Japan

EZ Korea

大好書屋・寶鼎出版・山岳文化・洪圖出版　**EZ**叢書館　**EZ**Korea　**EZ**TALK　**EZ**Japan

日月文化集團
HELIOPOLIS
CULTURE GROUP

懂學的人最後一個被淘汰

感謝您購買 擺脫慣性思維，重塑新常態學習策略，做個持續進化的破局者

為提供完整服務與快速資訊，請詳細填寫以下資料，傳真至02-2708-6157或免貼郵票寄回，我們將不定期提供您最新資訊及最新優惠。

1. 姓名：_____ 性別：□男　　□女

2. 生日：_____年_____月_____日　職業：_____

3. 電話：（請務必填寫一種聯絡方式）

　　（日）_____（夜）_____（手機）_____

4. 地址：□□□

5. 電子信箱：_____

6. 您從何處購買此書？□_____縣/市_____書店/量販超商

　　□_____網路書店　　□書展　　□郵購　　□其他

7. 您何時購買此書？　　　年　　　月　　　日

8. 您購買此書的原因：（可複選）

　　□對書的主題有興趣　　□作者　　□出版社　　□工作所需　　□生活所需

　　□資訊豐富　　□價格合理（若不合理，您覺得合理價格應為_____）

　　□封面/版面編排　　□其他_____

9. 您從何處得知這本書的消息：　□書店　□網路／電子報　□量販超商　□報紙

　　□雜誌　□廣播　□電視　□他人推薦　□其他

10. 您對本書的評價：（1.非常滿意 2.滿意 3.普通 4.不滿意 5.非常不滿意）

　　書名_____　內容_____　封面設計_____　版面編排_____　文/譯筆_____

11. 您通常以何種方式購書？□書店　　□網路　□傳真訂購　□郵政劃撥　　□其他

12. 您最喜歡在何處買書？

　　□_____縣/市_____書店/量販超商　　□網路書店

13. 您希望我們未來出版何種主題的書？_____

14. 您認為本書還須改進的地方？提供我們的建議？

_____

_____

_____

_____

好想法 相信知識的力量

the power of knowledge

寶鼎出版